Honorarordnung für Architekten und Ingenieure (HOAI)

Nr. 3

HOAI – Besondere Leistungen bei der Tragwerksplanung und Erläuterungen zu den Grundleistungen

Besondere Leistungen zur HOAI 2021 Teil 4 Abschnitt 1, § 51 mit Anlage 14

Stand: November 2021

erarbeitet von der AHO-Fachkommission „Ingenieurbauwerke/Tragwerksplanung“

6., vollständig überarbeitete und erweiterte Auflage

Ausschuss der Verbände und Kammern
der Ingenieure und Architekten
für die Honorarordnung e.V.

Reguvis

Kooperationspartner des
Bundesanzeiger Verlages

Bibliografische Information der Deutschen Bibliothek
Die Deutsche Bibliothek verzeichnet diese Publikation in der Deutschen Nationalbibliografie; detaillierte bibliografische Daten sind im Internet über: http://dnb.ddb.de abrufbar.

Herausgeber: AHO e.V.
Tauentzienstraße 18
10789 Berlin
Telefon: (030) 31 01 917-0
Telefax: (030) 31 01 917-11
E-Mail: aho@aho.de

Redaktionelle Bearbeitung: AHO-Fachkommission „Ingenieurbauwerke/Tragwerksplanung"

Dieses Heft erscheint im Rahmen der AHO-Schriftenreihe. Alle Hefte der AHO-Schriftenreihe erscheinen als unverbindliche Praxishilfen zur Leistungsbeschreibung und Honorarkalkulation. Die Inhalte dienen der Orientierung und entfalten keinerlei rechtliche Bindungswirkung. Die geschuldeten Planungsleistungen und deren Honorierung bestimmen sich ausschließlich nach der vertraglichen Vereinbarung im Einzelfall.

ISBN 978-3-8462-1355-1
6., vollständig überarbeitete und erweiterte Auflage November 2021
5., vollständig überarbeitete Auflage März 2017

Printed in Germany

Mitglieder der AHO-Fachkommission „Ingenieurbauwerke/Tragwerksplanung“

Dipl.-Ing. Peter Mayer (Leiter der Fachkommission)	Beratender Ingenieur, Schwabmünchen
Dr.-Ing. Heinrich Bökamp	Thomas & Bökamp Ingenieurgesellschaft mbH, Münster
Dipl.-Ing. Martin Grassl	Ingenieurbüro GRASSL GmbH, Hamburg
Dipl.-Ing. Gabriele Henkens	GSE Ingenieur-Gesellschaft mbH Saar, Enseleit & Partner, Berlin
RA Ronny Herholz	Geschäftsführer des AHO e.V., Berlin
Dr.-Ing. Andreas Jähring	Büchting + Streit B+S Beratende Ingenieure VBI, München
Dipl.-Ing. Alfred Pellar	Pellar, Büro für Bauwesen und Bautechnik, Biebesheim
Dipl.-Ing. Nikolaus Reiser	Reiser Tragwerksplanung, München
Dipl.-Ing. Victor Schmitt	SSF Ingenieure AG Beratende Ingenieure im Bauwesen, München
Dipl.-Ing. Josef Seiler	Ingenieurgruppe Bauen, Berlin
Dipl.-Ing. Helmut Wolf	SSF Ingenieure AG Beratende Ingenieure im Bauwesen, München

Allgemeines Vorwort zur AHO-Schriftenreihe

Eine für Auftraggeber und Auftragnehmer transparente und nachvollziehbare Honorarermittlung gibt Orientierung im Vergabeprozess, unterstützt die vertragliche Vereinbarung im Einzelfall und hilft damit nicht zuletzt, zeitaufwendige und kostenträchtige Streitfälle zu vermeiden. Honorare sollten daher systematisiert, nachvollziehbar und möglichst einheitlich ermittelt werden.

Nach dem Wegfall der verbindlichen Mindest- und Höchstsätze infolge eines Urteils des Europäischen Gerichtshofes regelt die Honorarordnung für Architekten und Ingenieure (HOAI 2021) auch künftig die Maßstäbe und Grundlagen für die Berechnung von Honoraren für die von der HOAI erfassten Leistungen und bietet weiterhin einen verlässlichen Orientierungsrahmen zur Kalkulation angemessener Honorare im Einzelfall.

Die Bedeutung der vertraglichen Vereinbarung über die zu erbringenden Planungsleistungen und deren Honorierung wird mit der ab 1.1.2021 geltenden HOAI 2021 weiter zunehmen, denn die bisherigen Regelungen zu den verbindlichen Mindest- und Höchstsätzen werden durch den Grundsatz ersetzt, dass sich das Honorar nach der Vereinbarung der Parteien richtet.

Diese Honorarvereinbarung muss nicht – wie bisher – schriftlich zum Zeitpunkt der Auftragserteilung geschlossen werden, um wirksam zu sein. Künftig ist es ausreichend, wenn diese Vereinbarung in Textform (z.B. per E-Mail) erfolgt. Sofern die Parteien keine Vereinbarung in Textform geschlossen haben, gilt der „Basishonorarsatz" als vereinbart, der anstelle des bisherigen Mindestsatzes eingeführt wurde und diesem entspricht. Diese Regelung übernimmt damit die Wertung des § 7 Abs. 5 HOAI 2013, ist aber im Gegensatz zu dieser als widerlegliche Vermutung ausgestaltet. Entsprechend einer Forderung des Berufsstandes der Architekten und Ingenieure wurden die Fachplanungsleistungen der Anlage 1 Bauphysik, Geotechnik, Ingenieurvermessung sowie Umweltverträglichkeitsstudie den Grundleistungen der HOAI gleichgestellt. Das bedeutet, dass für diese Leistungen alle Allgemeinen Vorschriften (Teil 1 HOAI) uneingeschränkt anwendbar sind, beispielsweise die Vorschriften zur Honorarermittlung, aber auch die Regelung in § 7 Abs. 1 HOAI über die Anwendung des Basishonorarsatzes, sofern keine Vereinbarung über die Höhe der Vergütung getroffen wurde.

Aber auch für Besondere Leistungen sowie Planungsleistungen, die nicht in der HOAI geregelt sind, besteht ein großes praktisches Bedürfnis an Empfehlungen zur systematischen Honorarermittlung. Der AHO hat es sich mit seinen mehr als 24 Fachkommissionen und Arbeitskreisen zur Aufgabe gemacht, diese Lücke zu füllen. Seit 1987 werden die Beratungsergebnisse der mit Ingenieuren, Architekten und Stadtplanern interdisziplinär besetzten Arbeitsgremien in der „Grünen Schriftenreihe" veröffentlicht und erfreuen sich zunehmender Nachfrage, nicht zuletzt, weil die Spezialisierung der Planung angesichts zunehmender Komplexität stetig steigt.

Im Gegensatz zu den Grundleistungen gemäß § 3 Abs. 1 HOAI, die in den einzelnen Leistungsbildern abschließend erfasst und deren Bewertungen in die Honorartafeln der HOAI eingeflossen sind, werden Besondere Leistungen in der HOAI zwar beispielhaft aufgeführt, jedoch weder näher definiert noch bewertet. § 3 Abs. 2 HOAI enthält lediglich den Hinweis, dass die Aufzählung der Besonderen Leistungen in der HOAI nicht abschließend ist. Dementsprechend beinhaltet die AHO-Schriftenreihe z.B. Leistungsbilder und Honorierungsempfehlungen für Leistungen des Brandschutzes, der Baulogistik oder der Verkehrsplanung.

Die Honorare für Besondere Leistungen können frei und formlos vereinbart werden. Besondere Leistungen können auch in anderen als den angeführten Leistungsbildern oder Leistungsphasen vereinbart werden, soweit sie dort keine Grundleistungen darstellen. In der AHO-Schriftenreihe werden Besondere Leistungen als Anwendungshilfe für Auftragnehmer und Auftraggeber in dem jeweiligen Einzelfall praxisnah beschrieben und regelmäßig aktualisiert. Diesen Leistungen werden, soweit dies möglich ist, unverbindliche Vorschläge zur Honorarkalkulation und Orientierung gegenübergestellt. Diese entfalten keinerlei rechtliche Bindungswirkung. Die geschuldeten Planungsleistungen und deren Honorierung bestimmen sich ausschließlich nach der vertraglichen Vereinbarung im Einzelfall.

Inhaltsverzeichnis

Teil A: Wichtige Hinweise zu den Grundleistungen und Besonderen Leistungen

1.1 In der Neufassung der HOAI (7. Novelle), geändert durch die Erste Verordnung zur Änderung der Honorarordnung für Architekten und Ingenieure vom 2.12.2020 (HOAI 2021) aufgrund der Neufassung des Gesetzes zur Regelung von Ingenieur- und Architektenleistungen vom 12.11.2020, sind Grundleistungen verordnet.

Der Teil 4 Abschnitt 1 – Tragwerksplanung, § 51 Abs. 1 HOAI in Verbindung mit Anlage 14 – führt die Grundleistungen der Tragwerksplanung auf.

§ 3 Abs. 1 Satz 1 und 2 HOAI definiert die Grundleistungen wie folgt: „Grundleistungen sind Leistungen, die regelmäßig im Rahmen von ... Fachplanungen auszuführen sind. Sie sind zur ordnungsgemäßen Erfüllung eines Auftrags im Allgemeinen erforderlich und in Leistungsbildern erfasst."

In Teil 4 Abschnitt 1 – § 51 Abs. 1 HOAI – sind nur Grundleistungen der Tragwerksplanung für die Bewertung angeführt.

§ 2 Abs. 1 Satz 2 HOAI definiert Tragwerke als Objekte.

§ 49 Abs. 1 HOAI definiert die Tragwerksplanung als die statische Fachplanung für die Objektplanung Gebäude und Ingenieurbauwerke. Damit bestimmt sich das Objekt, welches einer Fachplanung Tragwerk zugrunde liegt, durch den Umgriff des Objektes Gebäude oder Ingenieurbauwerk einschließlich seines Baugrubenaushubs.

Hinweise: Wird eine Baugrube als eigenes Objekt Ingenieurbauwerk erforderlich, so ist diese mit der zugehörigen Tragwerksplanung der Baugrube zu beauftragen. Für die nachfolgende Planung des Gebäudes in eine vorhandene Baugrube stellt die Baugrube ein vom Auftraggeber vorbeschafftes Bauteil dar (§ 4 Abs. 2 Nr. 4 HOAI). Dieses Bauteil ist sowohl für den Objektplaner Gebäude als auch für dessen Fachplaner Tragwerk in dem Umfang anrechenbar, wie aus einem notwendigen Erdaushub mit ortüblichen Preisen Baukosten entstanden wären.

§ 49 Abs. 2 HOAI definiert das Tragwerk als „das statische Gesamtsystem der miteinander verbundenen, lastabtragenden Konstruktionen, die für die Standsicherheit von Gebäuden, Ingenieurbauwerken und Traggerüsten bei Ingenieurbauwerken maßgeblich sind". Hieraus bestimmt sich auch die Abgrenzung zu Leistungen für weitere Konstruktionen an Gebäuden, Ingenieurbauwerken etc. (wie Fassaden, Technische Ausrüstung, nichttragende Wände etc.), die nicht als Grundleistung geschuldet sind. Hier ist in der Tragwerksplanung zu unterscheiden zwischen den anrechenbaren Kosten (55 bzw. 90 v.H. der KG 300 und 10 bzw. 15 v.H. der KG 400 nach DIN 276) und dem Inhalt der Grundleistung, welche sich nur auf Teile der KG 300 und 400 bezieht. Daher ist auch die Vergütung einer Tragwerksplanung für die Fassade (da diese *nicht* Bestandteil des statischen Gesamtsystems der miteinander verbundenen, lastabtragenden Konstruktion ist) als Besondere Leistung über die Berücksichtigung der Herstellkosten Fassade keine „doppelte" Vergütung, wie mitunter vertreten wird, sondern eine erstmalige unabhängige Vergütung einer Besonderen Leistung mittels zutreffender Herstellkosten für diese Leistung (siehe Anlage 14 HOAI 2021, Lph 4, Besondere Leistungen, dort 4. Anstrich).

1.2 Veränderungen des Leistungsumfangs, hervorgerufen durch

- Änderung des Umfangs der beauftragten Leistungen,
- dadurch Änderungen der anrechenbaren Kosten oder
- Wiederholung von Grundleistungen, ohne dass sich dadurch die anrechenbaren Kosten ändern,

sind in den verordneten Leistungen nicht erfasst. Sie sind gesondert in Textform zu vereinbaren und zu vergüten (§ 10 HOAI).

1.3 Besondere Leistungen sind gemäß § 51 Abs. 5 HOAI in Anlage 14, dort Nummer 14.1, aufgeführt. Die Aufzählung ist nicht abschließend (§ 3 Abs. 2 Satz 1 HOAI).

1.4 Das Honorar richtet sich nach der Vereinbarung, die die Parteien in Textform treffen (§ 7 Abs. 1 Satz 1 HOAI). Fehlt eine textliche Vereinbarung für Grundleistungen, gilt der jeweilige Basishonorarsatz als vereinbart, der sich bei Anwendung der Honorargrundlagen des § 6 HOAI ergibt (§ 7 Abs. 1 Satz 2 HOAI). Gleiches gilt, wenn bei einem Vertrag mit einem Verbraucher die über dem Basishonorarsatz liegende Honorarvereinbarung zwar in Textform geschlossen wird, aber der Verbraucherhinweis nicht rechtzeitig in Textform erfolgt (§ 7 Abs. 2 HOAI).

1.5 Besondere Leistungen können zu jedem Zeitpunkt vereinbart werden. Sie sind bei mündlicher Beauftragung nach §§ 631, 632 BGB honorierbar. Dennoch empfiehlt sich, den Nachweis der mündlichen Beauftragung durch wechselseitige Schreiben vor Beginn der Leistung zu bringen. Besondere Leistungen können für Leistungsbilder und Leistungsphasen vereinbart werden, denen diese Leistungen nicht zugeordnet sind und soweit sie dort keine Grundleistung darstellen (§ 3 Abs. 2 Satz 3 HOAI). Die Bewertung der Besonderen Leistungen ist nicht verordnet. Die Wirtschaftlichkeit der Leistungen ist stets zu beachten (§ 3 Abs. 3 HOAI).

1.6 Die nachfolgend aufgeführten Besonderen Leistungen schließen auch Leistungen mit ein, welche *vor* den Leistungsphasen der HOAI erbracht werden können. Diese Leistungen haben damit keinen festen Bezug zum Honorar der Grundleistungen der HOAI und können frei vereinbart werden (z.B. als Studie oder als Anteil des Honorars der Grundleistungen).

1.6.1 Der Katalog ist nach den Leistungsphasen (Lph) gemäß § 3 Abs. 1 Satz 3 HOAI gegliedert. Besondere Leistungen, die in Anlage 14 unter Nummer 14.1 aufgeführt sind, werden im Teil B des Heftes gelistet und durch weitere Leistungen ergänzt, die nach § 3 Abs. 2 HOAI hinzutreten können, da die Aufzählung nicht abschließend ist.

1.6.2 Alle im Folgenden genannten Bewertungen von Besonderen Leistungen sind unter der Voraussetzung vorgenommen, dass eventuelle Ersparnisse aus der gleichzeitigen Erbringung der Grundleistungen des Leistungsbildes berücksichtigt sind. Bei nur teilweiser Beauftragung aller Grundleistungen des Leistungsbildes sind die Bewertungen gegebenenfalls zu erhöhen. Aufgrund der Besonderen Leistungen sind keine Abzüge bei den Bewertungen der Grundleistungen der betroffenen und folgenden Leistungsphasen vorzunehmen.

Soweit als Bewertung eine Spanne zwischen zwei Werten ohne weitere Erläuterung benannt wird, ist der untere Wert anzuwenden, wenn die Besondere Leistung sich auf einen geringeren Anteil der Tragkonstruktion bezieht und/oder in einer niederen Honorarzone zur Anwendung kommt. Bezieht sich die besondere Leistung auf einen hohen Anteil der Tragkonstruktion und/oder kommt sie in einer hohen Honorarzone zur Anwendung, ist der obere Wert anzuwenden. Als Beispiel: Sind Elementpläne (Fertigteilpläne) auf Übereinstimmung mit der Genehmigungsplanung und den Ausführungszeichnungen (Schalplänen) zu prüfen, ist diese Leistung nach Ziffer 5.12 des vorliegenden Grünen Heftes zwischen 16 bis 25 v.H. bewertet. Umfasst diese Leistung ein Tragwerk geringer Planungsanforderungen, so ist diese Leistung mit 16 v.H. zu bewerten, wogegen diese Leistung in einem Tragwerk sehr hoher Planungsanforderungen mit 25 v.H. bewertet wird. Betreffen die Elementpläne nur einen Anteil des Objektes Tragwerk, ist die Bewertung auf den betroffenen Anteil des Tragwerks anzuwenden. Sind z.B. nur Deckenelemente betroffen, so ist der Anteil der Decken am Tragwerk anteilig zu bewerten und die Bewertung auf diesen Anteil anzuwenden.

Beispiel:

Ziffer 5.12:

Prüfung von Elementplänen auf Übereinstimmung mit der Genehmigungsplanung und den Ausführungszeichnungen

Bewertung 16 bis 25 v.H.

Tragwerk mit durchschnittlichen Planungsanforderungen (HZ III):

Bewertungssprung je Honorarzone (25–16)/5 = 9/5 = 1,8 v.H.

Bewertung für Honorarzone III von: 16 + 2 x 1,8 = 19,6 v.H.

Anteil des Tragwerkes (Deckenpläne): ca. 20 % des Tragwerkes

Bewertung der Besonderen Leistung: 20 % x 19,6 v.H. =

3,92 v.H. des Honorars der Grundleistungen.

1.6.3 Die genannten Bewertungen beziehen sich stets auf das Honorar der gesamten Grundleistungen. Das Honorar besteht bei Umbauten aus dem Wert der mitzuverarbeitenden Bausubstanz nach § 4 Abs. 3 HOAI und dem durch den Zuschlag nach § 52 Abs. 4 HOAI erhöhten Betrag.

1.6.4 Gemäß § 3 Abs. 2 Satz 3 HOAI können die Besonderen Leistungen eines Leistungsbildes auch in anderen Leistungsbildern oder Leistungsphasen vereinbart werden. Sie haben nur Beispielcharakter und sind nicht abschließend (vgl. § 3 Abs. 2 Satz 2 HOAI). In den folgenden Katalogen sind daher die Besonderen Leistungen meist in der Leistungsphase benannt, in der sie mehrheitlich oder häufig erstmalig anfallen.

1.6.5 Bei Bezügen zur HOAI wird im Katalog auf die HOAI 2021 verwiesen.

1.6.6 Soweit in der HOAI die Anlage 14.1 aufgeführt ist, werden diese Besonderen Leistungen in den Tabellen im Teil B dieses Heftes (Katalog) an vorderster Stelle aufgeführt.

Soweit Leistungen im Katalog nicht bewertet sind, sind diese nach Aufwand zu vergüten. Dieser Aufwand wird üblicherweise durch Nachweis vom Erbringer der Leistung festgehalten. Die Erfahrung zeigt, dass es hier für die Vertragsparteien meist besser ist, diesen Aufwand vorab einzuschätzen und als Pauschale auf definierter Grundlage zu vereinbaren. Soweit der Zeitaufwand anhand der vereinbarten Stundensätze verrechnet wird, ist zu beachten, dass in den Stundensätzen alle Kosten berücksichtigt werden einschließlich der anteiligen allgemeinen Bürokosten und eines angemessenen Zuschlags für Wagnis und Gewinn. Die Herleitung von Stundensätzen ist in der Fachliteratur zu finden oder kann mittels der Struktur auf der Homepage des AHO (Stundensatzrechner) hergeleitet werden.

1.6.7 Zum besseren Verständnis werden der Inhalt und die Honorierung von Grundleistungen in Abgrenzung zum Inhalt und der Honorierung von Besonderen Leistungen in Fällen von praktischer Relevanz ergänzend erläutert. So ist das Aufstellen einer prüffähigen statischen Berechnung auch für Bestandsbauwerke eine Grundleistung der Lph 4, welche jedoch bei Bestandsbauten meist der örtlichen Bestandsaufnahme als ergänzende Besondere Leistung bedürfen wird.

1.7 Das Allgemeine Vorwort zur AHO-Schriftenreihe der 5. Auflage wurde an die Veränderungen der HOAI 2021 angepasst und für die 6. Auflage ergänzt.

Auf den Abdruck der Vorworte zur 1. bis 4. Auflage des AHO-Heftes wurde verzichtet, da jene Vorworte aufgrund der wesentlichen Veränderungen in der HOAI 2009 und 2013 in Gliederung, Aufbau und Regelung nicht mehr zur Verständlichkeit beitragen. Auf die früheren Auflagen des AHO-Heftes Nr. 3 wird bei Bedarf insoweit verwiesen.

Teil B: Besondere Leistungen bei der Tragwerksplanung nach Teil 4 Abschnitt 1, § 51 HOAI mit Anlage 14

Besondere Leistungen vor Beginn der Leistungsphasen nach HOAI

1. Erstellen der Bedarfsplanung oder Mitwirken bei der Bedarfsplanung

Eine Bedarfsplanung (z.B. nach DIN 18205) soll vor Eintritt in die Planungsphase die Bedürfnisse, Ziele und einschränkenden Gegebenheiten des Bauherrn und der Beteiligten ermitteln. Sie ist originäre Aufgabe des Bauherrn und kann von ihm an einen geeigneten Planer delegiert werden. Das Ergebnis der Bedarfsplanung sollte in schriftlicher Form vor Beginn der Objekt- und Fachplanungen vorliegen.

Im Bereich der Tragwerksplanung sollten Aussagen über die Tragfähigkeit des Bodens, eine mögliche Bodenkontamination, die Höhe des Grundwasserspiegels, die Beeinflussung des Grundwasserstroms und die Zusammensetzung des Grundwassers und die Anforderungen an die tragenden und nichttragenden Baukonstruktionen vorliegen. Bei mitzuverarbeitender Bausubstanz sind Aussagen über die Entstehungsgeschichte, die bisherige Nutzung des Gebäudes, die Bauart, den Bauzustand, die Belange des Denkmalschutzes und die Verfügbarkeit statischer und konstruktiver Unterlagen erforderlich. Sie sind nicht Gegenstand der Grundlagenermittlung des Objekt- oder Tragwerksplaners.

Es wird angeregt, dass der Tragwerksplaner im Rahmen der Leistungen der Leistungsphase 1 die Vollständigkeit der Aussagen der Bedarfsplanung überprüft, z.B. durch den Vergleich der vorliegenden Angaben mit den Checklisten der DIN 18205.

Der notwendige Umfang und die Bearbeitungstiefe sind im Vorfeld mit dem Bauherrn festzulegen. Die Honorierung ist gesondert zu vereinbaren.

Aus der Mitwirkung des Tragwerksplaners bei der Bedarfsplanung können vorgezogene Grundleistungen und Besondere Leistungen erforderlich werden, die nach dem Leistungsbild der Tragwerksplanung zu honorieren sind.

Wenn keine Bedarfsplanung für die Bearbeitung einer Planungsaufgabe übergeben wird, können diese Leistungen als Besondere Leistungen in der Leistungsphase 1 (Grundlagenermittlung) erforderlich werden.

2. Vorliegen des Kostenrahmens

Das Ergebnis der Bedarfsplanung sollte einen Kostenrahmen nach DIN 276-1:2008-12 enthalten als „Grundlage für die Entscheidung über die Bedarfsplanung sowie für grundsätzliche Wirtschaftlichkeits- und Finanzierungsüberlegungen und zur Festlegung der Kostenvorgabe". Die Honorierung hierfür ist gesondert zu vereinbaren.

3. Mitwirken bei der Sicherung des Kostenrahmens/Darstellen von Referenzprojekten zur Sicherung des Kostenrahmens

Anhand von vergleichbaren Referenzprojekten soll der Kostenrahmen nach DIN 276-1: 2008-12 Ziffer 3.4.1 abgesichert werden. Die Honorierung der Leistung ist gesondert zu vergüten.

4. Gegenstand der Grundleistungen als Abgrenzung zu Besonderen Leistungen

Besondere Leistungen werden deutlich durch die Abgrenzung zu den Grundleistungen. Daher wird in Teil C diese Abgrenzung ergänzend erläutert.

Leistungsphase 1: Grundlagenermittlung

Ziff.	Bezeichnung der Besonderen Leistung (Kurztext)	Erläuterungen	Bewertung (in v.H. der Honorare)
Weitere Besondere Leistungen			
1.1	Mitwirken bei der Festlegung besonderer, in den Normen nicht geregelter Einwirkungen oder Nachweise	Kurztext spricht für sich.	1 bis 3
1.2	**Beim Planen im Bestand:**		
1.2.1	Ermitteln des Leistungsumfangs notwendiger Bestandsaufnahmen und Materialuntersuchungen im Rahmen der Bedarfsermittlung oder der Lph 1 ff.	Bestandsaufnahmen sind Besondere Leistungen (vgl. Technische Ausrüstung, Anlage 15 Lph 1, Besondere Leistungen, 2. Anstrich). Dies gilt damit auch für das Ermitteln des notwendigen Leistungsumfangs von Bestandsaufnahmen.	nach Aufwand
1.2.2	Begleitung und Koordination von Untersuchungen im Bestand, von Belastungsuntersuchungen, Materialprüfungen etc.	Kurztext spricht für sich.	nach Aufwand
1.2.3	Ortsbesichtigungen	Kurztext spricht für sich.	nach Aufwand
1.2.4	Bewerten der Standsicherheit bestehender Baukonstruktionen.	Grundleistung, soweit die Baukonstruktionen Gegenstand des Tragwerkes sind (Vergütung über Anrechenbarkeit und Umbau-/Modernisierungszuschlag). Handelt es sich bei den bestehenden Konstruktionen um ein anderes Tragwerk, ist die Leistung hierfür über eine eigenständige Beauftragung zu vergüten.	 Vergütung als eigenes Tragwerk in den notwendigen Lph.

Leistungsphase 2: Vorplanung

Ziff.	Bezeichnung der Besonderen Leistung (Kurztext)	Erläuterungen	Bewertung (in v.H. der Honorare)
2.1	Aufstellen von Vergleichsberechnungen für mehrere Lösungsmöglichkeiten unter verschiedenen Objektbedingungen		nach Aufwand
2.2	Aufstellen eines Lastenplans, z.B. als Grundlage für die Baugrundbeurteilung und Gründungsberatung oder für die Weitergabe an Dritte	Die Aufstellung eines Lastenplans beinhaltet eine überschlägige Lastenvorberechnung auf der Grundlage der Ergebnisse der Vorplanung.	5 bis 7
2.3	Vorläufige nachprüfbare Berechnung wesentlicher tragender Teile	Diese Leistung erfolgt auf der Grundlage von Ziff. 2.2 und ist zu den voll honorierten Lph 3 und 4 zusätzlich zu vergüten. Sie dient der Absicherung der Ergebnisse der Lph 2, z.B. für eine vorgezogene Kostenberechnung.	2 bis 4
	pro zusätzlicher Objektbedingung des Tragwerks	Die Objektbedingung wird z.B. definiert durch die Baukörpergestalt, dadurch bedingte unterschiedliche Tragwerksysteme und deren geometrische Lage.	5 bis 8
2.4	Vorläufige nachprüfbare Berechnung der Gründung	Kurztext spricht für sich.	nach Aufwand
Weitere Besondere Leistungen			
2.5	Beitrag zur Durchführung der Bauvoranfrage	Kurztext spricht für sich.	nach Aufwand
2.6	Ergänzen der Vorplanungsunterlagen aufgrund besonderer Anforderungen	Dies sind Anforderungen, welche sich nicht aus den fachtechnischen Anforderungen der Tragwerksplanung ergeben.	nach Aufwand
2.7	Anfertigen von Darstellungen durch besondere Techniken wie 3-D-Visualisierungen und Computer-Animationen	Kurztext spricht für sich.	nach Aufwand

Ziff.	Bezeichnung der Besonderen Leistung (Kurztext)	Erläuterungen	Bewertung (in v.H. der Honorare)
2.8	Beitrag zur Planung des Bauablaufs und zur Aufstellung eines Zeit- und Organisationsplans	Die Grundleistung (Lph 2e) beinhaltet das Mitwirken bei der Kostenschätzung und bei der Terminplanung. Über diese Inhalte hinausgehende, detaillierte Zeit- und Organisationspläne sind Besondere Leistungen.	nach Aufwand
2.9	Gestaltungsbedingter konstruktiver Aufwand bei der Vorplanung	Die HOAI ordnet die Tragwerke den Honorarzonen nach dem statisch-konstruktiven Schwierigkeitsgrad zu (§ 52 Abs. 2 HOAI 2021). Gestaltungsbedingte Anforderungen und zugehöriger Aufwand sind daher als Besondere Leistung zu vergüten.	nach Aufwand
2.10	Beitrag zu einer detaillierten Wirtschaftlichkeitsuntersuchung in der Vorplanung	Kurztext spricht für sich.	nach Aufwand
2.11	**Beim Planen im Bestand:**		
2.11.1	Untersuchen von Bauzuständen und der notwendigen Sicherungsmaßnahmen	Kurztext spricht für sich.	
	• bei Gebäuden		nach Aufwand *alternativ:* Honorare für Grundleistungen für eigenes Tragwerk Sicherungsmaßnahmen in den erforderlichen Lph
	• bei Ingenieurbauwerken	Grundleistung für normale Bauzustände	
2.11.2	Erarbeiten eines Vorschlags zur Behebung von Schäden und Mängeln	Die Bearbeitung von Schäden und Mängel begründen sich durch Defizite Dritter oder des Bestandes.	nach Aufwand

Ziff.	Bezeichnung der Besonderen Leistung (Kurztext)	Erläuterungen	Bewertung (in v.H. der Honorare)
2.11.3	Denkmalschutzbedingter Mehraufwand bei der Vorplanung	Die HOAI ordnet die Tragwerke den Honorarzonen nach dem statisch-konstruktiven Schwierigkeitsgrad zu (§ 52 Abs. 2 HOAI 2021). Denkmalschutzbedingte Anforderungen und zugehöriger Aufwand sind daher als Besondere Leistung zu vergüten.	nach Aufwand
2.12	Teilnahme an Steuerungsrunden und zusätzlichen Besprechungen	Die Grundleistung der Tragwerksplanung begrenzt sich in den Terminen auf solche mit den Planungsbeteiligten und die Erläuterung der Ergebnisse der Tragwerksplanung.	nach Aufwand
2.13	Mitwirken bei der Bearbeitung alternativer Lösungen des Objektplaners nach verschiedenen Anforderungen	Die Bearbeitung des Tragwerkes erfolgt für die Lösung des Objektplaners nach gleicher Anforderung. Hat der Objektplaner Lösungen nach verschiedenen Anforderungen zu bearbeiten (z.B. mit oder ohne Verwendung bestehender Baukonstruktion), so handelt es sich auch für das Tragwerk um eine Leistung für ein anderes Objekt.	Als eigenes Objekt Tragwerk für das weitere Objekt Ob jektplanung in den erforderlichen Lph.

Leistungsphase 3: Entwurfsplanung

Ziff.	Bezeichnung der Besonderen Leistung (Kurztext)	Erläuterungen	Bewertung (in v.H. der Honorare)
3.1	Vorgezogene, prüfbare und für die Ausführung geeignete Berechnung wesentlich tragender Teile	Diese Besondere Leistung wird z.B. erforderlich, wenn aus Gründen der baubegleitenden Planung die statische Berechnung nicht zusammenhängend und durchgängig aufgestellt werden kann. Grundlage ist die in Ziff. 3.2 enthaltene Lastenermittlung. Die Leistung ist zu der Besonderen Leistung nach Ziff. 3.2 und dem Honorar der Lph 3 und 4 zusätzlich zu vergüten.	
3.1.1	für die wesentlichen Tragglieder		6 bis 12
3.1.2	für Einzeltragglieder		nach Aufwand
3.2	Vorgezogene, prüfbare und für die Ausführung geeignete Berechnung der Gründung	Diese Leistung beinhaltet die Aufstellung einer vorgezogenen, prüfbaren und für die Ausführung geeigneten Lastenermittlung auf der Grundlage der Ergebnisse der Lph 3. Sie ist zu den voll honorierten Lph 3 und 4 zusätzlich zu vergüten.	6 bis 12
3.3	Mehraufwand bei Sonderbauweisen oder Sonderkonstruktionen, z.B. Klären von Konstruktionsdetails		6 bis 12

Ziff.	Bezeichnung der Besonderen Leistung (Kurztext)	Erläuterungen	Bewertung (in v.H. der Honorare)
3.4	Vorgezogene Stahl- oder Holzmengenermittlung des Tragwerks und der kraftübertragenden Verbindungsteile für eine Ausschreibung, die ohne Vorliegen von Ausführungsunterlagen durchgeführt wird	Das überschlägige Ermitteln der Betonstahlmengen im Stahlbetonbau, der Stahlmengen im Stahlbau und der Holzmengen im Ingenieurholzbau ist in der HOAI 2021 Grundleistung. Es dient der Kostenermittlung und erfolgt mit bautechnischen Kennziffern um ein Genauigkeitsziel der Kosten von 20 % zu erreichen. Soweit eine Genauigkeit von 10 % für die Ausschreibung angestrebt wird, ist die Berechnung von Mengen anhand von repräsentativen Bauteilen durchzuführen. Damit liegt eine Besondere Leistung vor. Diese Leistung ist zusätzlich zur voll zu honorierenden Lph 6 zu vergüten.	
3.4.1	Beton und Mauerwerk		nach Aufwand
3.4.2	Betonstahl		4
3.4.3	Stahl	Profilstahlkonstruktionen	8
		Stahlverbundkonstruktionen	9
3.4.4	Holz	Da die Ausführungsunterlagen noch nicht erarbeitet sind, müssen im Holzbau maßstabsgerechte typische Prinzipdetails gezeichnet, Beschreibungen erarbeitet und in Stücklisten zusammengefasst werden.	12
3.5	Vorgezogene, prüfbare und für die Ausführung geeignete Lastübergabepläne	Z.B. zur Weitergabe von Lasten an andere an der Tragwerksplanung Beteiligte. Grundlage ist die in Ziff. 3.2 enthaltene Lastenermittlung. Die Leistung ist zur Besonderen Leistung nach Ziff. 3.2 und zu den voll honorierten Lph 3 und 4 zusätzlich zu vergüten.	1 bis 2

Ziff.	Bezeichnung der Besonderen Leistung (Kurztext)	Erläuterungen	Bewertung (in v.H. der Honorare)
3.6	Nachweise der Erdbebensicherung	Siehe „Leistungsphase 4: Genehmigungsplanung“	
Weitere Besondere Leistungen			
3.7	Veranlassung und begleitende Beratung von Versuchen oder Modellversuchen (z.B. Windkanal) und Interpretation der Versuchsergebnisse	Kurztext spricht für sich.	nach Aufwand
3.8	Baugrubensicherungen Beratung bei der Wahl geeigneter Baugrubensicherungen und der Sicherung benachbarter Anlagen unter Berücksichtigung der Belange der Standsicherheit und der Wirtschaftlichkeit im Zusammenhang mit der Tragwerksplanung	Nach § 2 Abs. 1 Satz 1 HOAI sind diese Ingenieurbauwerke eigene Objekte. Der Anwendungsbereich des § 41 HOAI in Verbindung mit den Objektlisten gemäß Anlage 12.2 Gruppe 7 benennt Stützbauwerke, Schlitz- und Bohrpfahlwände, Trägerbohlwände etc. als Objekte der Ingenieurbauwerke. Die Tragwerksplanung für dieses eigenständige Ingenieurbauwerk ist als Grundleistung zu vergüten. Für die Tragwerksplanung des Gebäudes sind die Kosten der Baugrube als zur Verfügung gestelltes Bauteil (§ 4 Abs. 2 HOAI) mit den ortüblichen Preisen eines Erdaushubs anrechenbar.	Aus Honorar für Grundleistungen für eigenes Tragwerk in den bearbeiteten Leistungsphasen.
3.9	Statischer und konstruktiver Entwurf von Traggerüsten	Kurztext spricht für sich.	
3.9.1	bei Gebäuden	Kurztext spricht für sich.	nach Aufwand
3.9.2	bei Ingenieurbauwerken	Gemäß § 49 Abs. 2 HOAI ist das Traggerüst bei Ingenieurbauwerken ein eigenes Objekt. Die anrechenbaren Kosten werden gemäß § 50 Abs. 4 HOAI ermittelt.	
3.9.3	verschiebliche Traggerüste	Kurztext spricht für sich.	nach Aufwand

Ziff.	Bezeichnung der Besonderen Leistung (Kurztext)	Erläuterungen	Bewertung (in v.H. der Honorare)
3.10	Statische und konstruktive Vordimensionierung der Fassade	Kurztext spricht für sich.	nach Aufwand
3.11	Statische und konstruktive Dimensionierung bei Ausbaugewerken und/oder Gewerken der Technischen Ausrüstung einschließlich deren Verbindung mit dem Tragwerk	Hinweis: In der HOAI sind bei der Tragwerksplanung nur Leistungen am statischen Gesamtsystem der miteinander verbundenen, lastabtragenden Konstruktionen verordnet. Bei tragwerksplanerischen Leistungen an Ausbaugewerken und/oder Gewerken der Technischen Ausrüstung liegen Besondere Leistungen vor.	nach Aufwand
3.12	Beitrag zur Wirtschaftlichkeitsberechnung im Rahmen der Entwurfsplanung	Kurztext spricht für sich.	nach Aufwand
3.13	Detailentwicklung im Stahlbau, Stahlverbundbau und Ingenieurholzbau Durch Vielfalt der Lieferformen von Stahl- und Holzbauteilen, Stahl- und Holzwerkstoffen, Verbindungsmitteln und Detailgeometrien sind die Möglichkeiten der Stabanschlüsse hinsichtlich Wirtschaftlichkeit, Herstellung, Montage, Korrosionsschutz, Holzschutz und Gestaltung zu entwickeln.	Kurztext spricht für sich.	nach Aufwand
3.14	Formfindung, Geometrieermittlung und Geometrieoptimierung sichtbar gelassener Tragwerke	Kurztext spricht für sich.	nach Aufwand
3.15	Gestaltungsbedingter konstruktiver Aufwand bei der Entwurfsplanung	Die HOAI ordnet die Tragwerke den Honorarzonen rein nach dem statisch-konstruktiven Schwierigkeitsgrad zu (§ 52 Abs. 2 HOAI). Gestaltungsbedingte Anforderungen und zugehöriger Aufwand sind daher als Besondere Leistung zu vergüten.	nach Aufwand

Ziff.	Bezeichnung der Besonderen Leistung (Kurztext)	Erläuterungen	Bewertung (in v.H. der Honorare)
3.16	**Beim Planen im Bestand:**		
3.16.1	Entwurf der notwendigen Sicherungsmaßnahmen von Bauzuständen	Kurztext spricht für sich.	nach Aufwand
3.16.2	Denkmalschutzbedingter Mehraufwand beim Entwurf des Tragwerks	Kurztext spricht für sich.	nach Aufwand
3.17	Rechnerische Nachprüfung des Bestandes nach aktuellen Vorschriften und Normen	Soweit es sich um die Prüfung des Objektes Tragwerk auf der Grundlage einer vorhandenen Statik und Konstruktionspläne handelt, ist dies eine geschuldete Grundleistung und über die anrechenbaren Kosten aus dem Bestand und dem Umbau-/Modernisierungszuschlag vergütet. Soweit es sich um eine eigenständige Aufgabe für ein bestehendes Bauwerk handelt, siehe 4.25.	Grundleistung bei Vergütung über AK Bestand und Umbau-/Modernisierungszuschlag.

Leistungsphase 4: Genehmigungsplanung

Ziff.	Bezeichnung der Besonderen Leistung (Kurztext)	Erläuterungen	Bewertung (in v.H. der Honorare)
4.1	Nachweise zum konstruktiven Brandschutz, soweit erforderlich unter Berücksichtigung der Temperatur (Heißbemessung)	Die Forderungen des konstruktiven Brandschutzes sind in der Regel dann eingehalten, wenn der Entwurf des Tragwerks bzw. seiner Teile bestimmte Eigenschaften aufweist (z.B. Achsabstand der Bewehrung, Art und Dicke von Verkleidungen, Querschnittsabmessungen, Beanspruchungsgrade). Der Nachweis wird durch ein Protokoll erbracht, das für alle Tragwerksteile die konstruktive Gestaltung des Feuerwiderstands der Bauteile nach Eurocodes bzw. DIN 4102 Teil 4 entsprechend der geforderten Feuerwiderstandsklasse nachweist. Die Bewertung schließt nicht rechnerische Nachweise oder die Veranlassung und Interpretation von Versuchen ein. Grundsätzliche Anmerkung: Diese Besondere Leistung erstreckt sich über die Lph 2 bis 5. Der Übersichtlichkeit halber sind die Bewertungen für die Lph 2 bis 4 (zusammengefasst) und für die Lph 5 hier gemeinsam aufgeführt. Sicherheitstechnische Anforderungen an Planung, Auftrag und Nutzung von Objekten betreffen die Leistungen der • Objektplanung gemäß Teil 3 Abschnitt 1 und 3 HOAI	

Ziff.	Bezeichnung der Besonderen Leistung (Kurztext)	Erläuterungen	Bewertung (in v.H. der Honorare)
		• Tragwerksplanung/Fachplanung gemäß Teil 4 – Abschnitt 1 HOAI Siehe dazu die Bilder 1 bis 5 im Anhang.	
4.1.1	Planungs- und Beratungsleistungen gemäß Ziff. 4.1 Nr. 2	Behandelt in Heft Nr. 17 der AHO-Schriftenreihe (Leistungen für Brandschutz – Leistungsbild und Honorierung, 3. Auflage 2015)	
4.1.2	Tragwerksplanung gemäß Ziff. 4.1 Nr. 3	Auf der Grundlage der Vorgaben der Brandschutzplanung gemäß Ziff. 4.1 werden nachfolgend die Leistungen zum konstruktiven Brandschutz behandelt. Aufgabe des konstruktiven Brandschutzes ist es nachzuweisen, dass die Tragfähigkeit des Tragwerks für den gemäß Ziff. 4.1 vorgesehenen Zeitraum erhalten bleibt. Technische Regeln sind insbesondere die Eurocodes einschließlich Nationalem Anhang und Einführungserlasse. • DIN EN 1991-1-2: Grundlagen – Brandeinwirkung auf Tragwerke • DIN EN 1992-1-2: Stahlbeton und Spannbeton – Tragwerksberechnung für den Brandfall • DIN EN 1993-1-2: Stahlbauten – Tragwerksberechnung für den Brandfall • DIN EN 1994-1-2: Verbundtragwerke aus Stahl und Beton – Tragwerksberechnung für den Brandfall	

Ziff.	Bezeichnung der Besonderen Leistung (Kurztext)	Erläuterungen	Bewertung (in v.H. der Honorare)
		• Planungs- und Beratungsleistungen zum vorbeugenden Brandschutz • DIN EN 1995-1-2: Holzbauten – Tragwerksberechnung für den Brandfall • DIN EN 1996-1-2: Mauerwerksbau – Tragwerksberechnung für den Brandfall (z.T. noch in Abstimmung)	
	Planungs- und Nachweisverfahren (Regelfall):		
	• festgelegte Vorgaben	Thermische Einwirkung durch nominelle Brandkurven.	
	• Analyse einzelner Bauteile	Für jedes Tragglied – lasttragende Bauteile einschließlich Aussteifung – wird die Feuerwiderstandsdauer bestimmt.	
	• Analyse eines Teils des Bauwerks	Das Zusammenwirken mehrerer Tragglieder wird erfasst.	
	• Analyse des gesamten Tragwerks	Das Zusammenwirken aller Tragglieder wird erfasst.	
	Die tragwerksplanerischen Nachweise der Tragwerke erfolgen nach		
	• tabellarischen Werten	Sofern für die geplanten Tragglieder tabellierte Werte vorliegen, ist dies das Standardverfahren, wie es auch früher in der DIN 4102 Teil 4 durchgeführt wurde.	
	• vereinfachtem Bemessungsverfahren	Nachweis unter Verwendung verkleinerter Querschnitte und/oder Verminderung der charakteristischen Festigkeit. Hinweis: Der häufig benutzte Begriff „Heißbemessung" wird nicht verwendet, da er sich auf alle rechnerischen Verfahren bezieht.	

Ziff.	Bezeichnung der Besonderen Leistung (Kurztext)	Erläuterungen	Bewertung (in v.H. der Honorare)
	• allgemeinem Bemessungsverfahren	Wirklichkeitsnahe Berechnung brandbeanspruchter Tragwerke oder Einzelbauteile (z.B. Stützen), in der Regel unter Bestimmung der Temperaturentwicklung und -verteilung in den Bauteilen und des mechanischen Verhaltens des Tragwerks oder der Teiltragwerke.	
	Planungs- und Nachweisverfahren (Sonderfall):		
	• leistungsabhängige Festlegung	Physikalisch bedingte thermische Einwirkungen – Naturbrandverfahren	
	• sonst wie vor	Nicht möglich mit: • Analyse einzelner Bauteile • tabellierten Werten	
	Aus den vorstehend aufgeführten Planungs- und Nachweisverfahren ergeben sich:		
4.1.3	Regelverfahren • festgelegte Vorgaben • Analyse einzelner Bauteile • tabellierte Werte		
4.1.3.1	Stahlbeton/Spannbeton	Nachweis anhand von Tabellen: • Lph 2 bis 4 • Lph 5 zusätzlich • Summe	 2 bis 4 3 bis 6 5 bis 10
4.1.3.2	Stahlbauten	Nachweis anhand von Tabellen: • Lph 2 bis 4 • Lph 5	 3 bis 6 nach Aufwand
4.1.3.3	Verbundtragwerke	Nachweis anhand von Tabellen: • Lph 2 bis 4 • Lph 5	 4 bis 6 nach Aufwand

Ziff.	**Bezeichnung der Besonderen Leistung (Kurztext)**	**Erläuterungen**	**Bewertung (in v.H. der Honorare)**
4.1.3.4	Holzbauten	Nachweis anhand von Tabellen: • Lph 2 bis 4 • Lph 5	 4 bis 8 nach Aufwand
4.1.3.5	Mauerwerksbauten	Nachweis anhand von Tabellen: • Lph 2 bis 4 • Lph 5	 3 bis 6 nach Aufwand
4.1.4	Vereinfachte Bemessungsverfahren • festgelegte Vorgaben • Analyse einzelner Bauteile		
4.1.4.1		Rechnerische Nachweise der im Brandfall noch tragfähigen Restquerschnitte: • Lph 2 bis 4 • Lph 5	 10 bis 15 wie Ziff. 4.1.3.1 bis 4.1.3.5
4.1.5	Vereinfachte oder allgemeine Bemessungsverfahren • festgelegte Vorgaben • Analyse eines Teils des Bauwerks		
4.1.5.1 bis 4.1.5.5			Der Aufwand ist wesentlich größer als der unter Ziff. 4.1.4.
4.1.6	Allgemeine Bemessungsverfahren • festgelegte Vorgaben • Analyse des gesamten Bauteils		
4.1.6.1 bis 4.1.6.5			Der Aufwand ist wesentlich größer als der unter Ziff. 4.1.5.

Ziff.	Bezeichnung der Besonderen Leistung (Kurztext)	Erläuterungen	Bewertung (in v.H. der Honorare)
4.1.7	Leistungsabhängige Festlegung	Mit Naturbrandverfahren	Der Aufwand ist wesentlich größer als der unter Ziff. 4.1.3 bis 4.1.6. Hierzu bedarf es besonderer Genehmigungs- oder Zustimmungsverfahren.
4.2	Statische Berechnung und zeichnerische Darstellung für Bergschadenssicherungen und Bauzustände bei Ingenieurbauwerken, soweit diese Leistungen über das Erfassen von normalen Bauzuständen hinausgehen	Kurztext spricht für sich. Anmerkung: Die Leistung ist zwar in Lph 4 aufgeführt, erstreckt sich aber auch über die Lph 2 und 3. Die Zusatzleistungen in diesen anderen Leistungsphasen wurden bei der Bewertung berücksichtigt. Die Bewertung enthält jedoch nicht den Zusatzaufwand in der Lph 5 (Ausführungsplanung). Die normalen Bauzustände sind bei Ingenieurbauwerken Grundleistung. Bei Gebäuden sind Bauzustände immer Besondere Leistung.	nach Aufwand
4.3	Zeichnungen mit statischen Positionen und den Tragwerksabmessungen, den Bewehrungsquerschnitten, den Verkehrslasten und der Art und Güte der Baustoffe sowie Besonderheiten der Konstruktionen zur Vorlage bei der bauaufsichtlichen Prüfung anstelle von Positionsplänen	Diese Leistung ist zur voll honorierten Lph 4 zusätzlich zu vergüten.	6 bis 8
4.4	Ausstellen der Berechnungen nach militärischen Lastenklassen (MLC)	Die untere Bewertungsgrenze bezieht sich auf eine Berechnung wesentlicher Bauteile mit gängigen Tabellen, die obere auf eine Berechnung mithilfe vorhandener Einflussflächen.	

Ziff.	Bezeichnung der Besonderen Leistung (Kurztext)	Erläuterungen	Bewertung (in v.H. der Honorare)
4.4.1	Nachweis		4 bis 7
4.4.2	Einstufung		4 bis 7
4.5	Erfassen von Bauzuständen bei Ingenieurbauwerken, in denen das statische System von dem des Endzustands abweicht	Kurztext spricht für sich. Anmerkung: Die Leistung ist zwar in Lph 4 aufgeführt, erstreckt sich aber auch über die Lph 2 und 3. Die Zusatzleistungen in diesen anderen Leistungsphasen wurden bei der Bewertung berücksichtigt. Die Bewertung enthält jedoch nicht den Zusatzaufwand in der Lph 5 (Ausführungsplanung).	
4.5.1	bei bauabschnittsweiser Herstellung		6 bis 20
4.5.2	beim Taktschiebeverfahren		20 bis 25
4.5.3	beim Freivorbau		20 bis 25
4.5.4	bei Stahlbeton-Fertigteilen		10 bis 15
4.5.5	beim Abbruch von Bauwerken		5 bis 10
4.6	Statische Nachweise an nicht zum Tragwerk gehörende Konstruktionen (z.B. Fassaden)	Teil 4 Abschnitt 1 HOAI bezieht sich auf die Ingenieurleistungen „am statischen Gesamtsystem der miteinander verbundenen, lastabtragenden Konstruktionen, die für die Standsicherheit von Gebäuden, Ingenieurbauwerken und Traggerüsten bei Ingenieurbauwerken maßgeblich sind." (§ 49 Abs. 2 HOAI). Leistungen an Teilen, welche nicht zum Tragwerk gehören, wie Geländer, Unterdecken, Trennwände, Fassaden oder Teile der Technischen Ausrüstung, sind keine Grundleistungen gemäß HOAI.	nach Aufwand *alternativ:* aus Honorare für Grundleistungen für eigenes Tragwerk in den bearbeiteten Leistungsphasen und in den Besonderen Leistungen

Ziff.	Bezeichnung der Besonderen Leistung (Kurztext)	Erläuterungen	Bewertung (in v.H. der Honorare)
Weitere Besondere Leistungen			
4.7	Nachweis nach bautechnischen Richtlinien des Grundschutzes	Es gelten die Erläuterungen zu Ziff. 4.1.	
		Lph 2 bis 4	4 bis 8
		Lph 5 zusätzlich	5 bis 10
		Summe:	9 bis 18
4.8	Nachweis der Erdbebensicherung	Kurztext spricht für sich.	
4.8.1	Einhaltung konstruktiver Vorgaben	Nachweis ohne Berechnung	1 bis 2
4.8.2	Erdbebenzone 0–1 und Bedeutungskategorie I–II	Vereinfachtes Antwortspektrenverfahren:	
		Lph 3	1 bis 2
		Lph 4	2 bis 3
		Summe:	3 bis 5
		Antwortspektrenverfahren mit mehreren Schwingungseigenformen (Modalanalyse):	
		Lph 3	2 bis 4
		Lph 4	5 bis 8
		Summe:	7 bis 12
		Lph 5	0 bis 2
4.8.3	Erdbebenzone 1–3 und Bedeutungskategorie III–IV	Vereinfachtes Antwortspektrenverfahren:	
	Hinweis: Die unteren Werte der Bewertung gelten für Konstruktionen ohne besondere Duktilitätsanforderungen.	Lph 3	1 bis 2
		Lph 4	2 bis 3
		Summe:	3 bis 5
		Antwortspektrenverfahren mit mehreren Schwingungseigenformen (Modalanalyse):	
		Lph 3	3 bis 5
		Lph 4	5 bis 10
		Summe:	8 bis 15

Ziff.	Bezeichnung der Besonderen Leistung (Kurztext)	Erläuterungen	Bewertung (in v.H. der Honorare)
		Zeitschrittanalyse bzw. Kapazitätsspektrenverfahren:	
		Lph 3	3 bis 5
		Lph 4	10 bis 20
		Summe:	13 bis 25
		Leistungsphase 5 (abhängig von Duktilitätsklasse)	2 bis 7
4.9	Statische Detailnachweise für Anschlüsse im Stahlbau, Holzbau und Stahlbetonfertigteilbau über die Leitdetails hinaus	Nach Vorlage von Werkstattzeichnungen (VOB-Leistung) oder im Zusammenhang mit Ziff. 5.1. Alternativ muss diese Leistung nach VOB gesondert ausgeschrieben sein.	6 bis 10
4.10	Teilnahme an Steuerungsrunden	Vgl. 2.12.	nach Aufwand
4.11	Erfassen von Montage- und Transportzuständen	Kurztext spricht für sich.	5 bis 10
4.11.1	bei Stahlbeton-Fertigteilen, im Holz- und Stahlbau und im Stahlverbundbau		5 bis 15
4.11.2	im Ortbeton, z.B. Ermittlung von Schalungsüberhöhungen		nach Aufwand
4.12	Aufstellen eines Lastenplans auf der Grundlage der fertiggestellten statischen Berechnung zur Weitergabe an Dritte	Kurztext spricht für sich.	1 bis 2
4.13	Zusammenstellen und Beurteilen von Unterlagen für besondere Prüfverfahren, z.B. für eine Zustimmung im Einzelfall		nach Aufwand
4.14	Statische Berechnung und zeichnerische Darstellung für Baubehelfe, Bergschadenssicherungen und Bauzustände, soweit diese Leistungen über das Erfassen von normalen Bauzuständen hinausgehen	Nach Aufwand oder als Honorare für Grundleistungen für eigenes Tragwerk Baubehelfe. Hinweis: Das Erfassen von normalen Bauzuständen ist bei Ingenieurbauwerken Grundleistung.	nach Aufwand

Ziff.	Bezeichnung der Besonderen Leistung (Kurztext)	Erläuterungen	Bewertung (in v.H. der Honorare)
4.15	Aufstellen von prüffähigen, dynamischen Berechnungen		nach Aufwand
4.16	Aufstellen der Berechnungen für Sonderlasten		nach Aufwand
4.17	Nachweis der zulässigen Eigenfrequenz bei überwiegend ruhenden Einwirkungen		nach Aufwand
4.18	Abbildung des Bauprozesses durch Nachweise am Gesamtmodell, mit unterschiedlichen Systemen entsprechend dem Baufortschritt; Einfrieren und Überlagern der Spannungen		nach Aufwand
4.19	Nachweis der Schienenspannungen bei Eisenbahnbrücken		nach Aufwand
4.20	Statische Nachweise für nichttragende Bauteile	Vgl. auch Ziff. 4.6.	nach Aufwand
4.21	Statische Nachweise für Baubehelfe	Gemäß amtlicher Begründung zu § 67 HOAI 2013 ist die Tragwerksplanung von Baubehelfen nicht Gegenstand der Grundleistungen des § 64 HOAI 2013 Die Kosten des Baubehelfs sind trotzdem beim Tragwerk des Gebäudes anrechenbar. Diese Begründung ist unverändert auch für die HOAI 2021 anzuwenden. Da Baubebehelfe nicht Gegenstand des statischen Gesamtsystems der miteinander verbundenen, lastabtragenden Konstruktionen sind, ist dieses Verständnis im § 49 Abs. 2 HOAI 2021 subsumiert.	nach Aufwand
4.22	Denkmalpflegerischer Mehraufwand		nach Aufwand
4.23	Prüfung und Freigabe von Nachweisen von Dritten, wenn keine bauaufsichtliche Prüfung erfolgt		nach Aufwand

Ziff.	Bezeichnung der Besonderen Leistung (Kurztext)	Erläuterungen	Bewertung (in v.H. der Honorare)
4.24	**Beim Planen im Bestand:** Statische Berechnung für Sicherungsmaßnahmen von Bauzuständen	Gemäß amtlicher Begründung zu § 67 Abs. 7 HOAI 2013 ist die Tragwerksplanung von Baubehelfen nicht Gegenstand der Grundleistungen des § 64 HOAI 2013 Die Kosten des Baubehelfs sind trotzdem beim Tragwerk des Gebäudes anrechenbar. Diese Begründung ist unverändert auch für die HOAI 2021 anzuwenden. Da Sicherungsmaßnahmen nicht Gegenstand des statischen Gesamtsystems der miteinander verbundenen, lastabtragenden Konstruktionen sind, ist dieses Verständnis im § 49 Abs. 2 HOAI 2021 subsumiert.	nach Aufwand
4.25	Besondere Leistung zur Nachrechnung gemäß Nachrechnungsrichtlinie für Straßenbrücken im Bestand (NaRil)	Die eigentliche Nachrechnung des Bauwerks stellt eine zu erbringende Grundleistung der Lph 4 dar. Der Aufwand der Grundleistung beinhaltet: • Sichtung und Auswertung der Bestandsunterlagen gemäß NaRil und Prüfung auf Plausibilität (Klärung der Aufgabenstellung nach § 51 HOAI 2021, Lph 1); • Ortsbesichtigung zur visuellen Überprüfung der Bestandsunterlagen auf Plausibilität und zur Einschätzung des allgemeinen Bauwerkszustands (Ortsbesichtigung nach § 43 HOAI 2021, Lph 1 anteilig).	

Ziff.	Bezeichnung der Besonderen Leistung (Kurztext)	Erläuterungen	Bewertung (in v.H. der Honorare)
		Aufstellen einer prüffähigen statischen Berechnung und Bemessung gemäß Stufe 1 der NaRil für ein Ziellastniveau inkl. Vergleich der Bemessungsergebnisse mit dem Bestand, Verhandlung mit dem Prüfingenieur und erforderlichenfalls Überarbeitung der Nachrechnung, systematische Zusammenstellung der Ergebnisse und Ermittlung der Auslastungsgrade κ nach NaRil, ingenieurmäßige Bewertung der Ergebnisse hinsichtlich Tragfähigkeit, Gebrauchstauglichkeit, Dauerhaftigkeit und Ermüdungssicherheit sowie Zuordnung des Bauwerks in die Nachweisklassen A bis C der NaRil (§ 51 HOAI 2021, Lph 4).	
4.25.1	bei der Sichtung und Auswertung der Bestandsunterlagen: Beschaffung von Unterlagen, Bestandsaufnahme bei fehlenden Unterlagen	Beschaffung, Sichtung und Auswertung von fehlenden oder zusätzlichen Bestandsunterlagen, die nicht vom Auftraggeber zur Verfügung gestellt werden können. Aufnahme des Bestands als Ersatz für nicht vorhandene Bestandsunterlagen.	nach Aufwand
4.25.2	bei der Ortsbesichtigung: erhöhter Aufwand aus Erschwernissen und bei fehlenden oder unplausiblen Informationen zum Bauwerkszustand	Erschwernisse bei der Ortsbesichtigung, die über eine einfache visuelle Überprüfung der Bestandsunterlagen und eine einfache Einschätzung des allgemeinen Bauwerkszustands hinausgehen (z.B. großer Schadensumfang, erschwerte Zugänglichkeit, Bedarf besonderer Hilfsmittel). Bestandsaufnahme bei fehlenden oder unplausiblen Informationen zum Bauwerkszustand und/oder zu tatsächlichen Gründungsverhältnissen.	nach Aufwand

Ziff.	Bezeichnung der Besonderen Leistung (Kurztext)	Erläuterungen	Bewertung (in v.H. der Honorare)
4.25.3	bei der Nachrechnung nach Stufe 1 der NaRil:		
	Erfassen der Einflüsse aus der Herstellung mit Berücksichtigung von Bauzuständen, in denen das statische System von dem des Endzustands abweicht:		
	• bauabschnittsweise Herstellung auf Lehrgerüst		6
	• mit Vorschubrüstung		10
	• Freivorbau		15 bis 20
	• Spannbetonfertigteile mit Federplatte		6 bis 10
	• Spannbetonfertigteile Durchlaufträger		5
	• Stahlverbundbrücke, Stahl eingeschoben		6
	• Stahlverbundbrücke, Stahl feldweise montiert		10
4.25.4	Aufstellen der prüffähigen statischen Berechnung gemäß Stufe 2 der NaRil	Ergänzung und Überarbeitung der prüffähigen statischen Nachrechnung nach Stufe 1 unter Berücksichtigung spezieller Regelungen gemäß Stufe 2 der NaRil	4 bis 14, abhängig vom erforderlichen Ergänzungs- und Überarbeitungsumfang
4.25.5	Aufstellen einer prüffähigen statischen Berechnung gemäß Stufe 3 oder Stufe 4 der NaRil	Weitere Vertiefung der Nachrechnung für die verbliebenen Bereiche mit Nachweisdefiziten nach Stufe 1 und 2 der NaRil oder für das gesamte Tragwerk auf der Grundlage von Belastungsversuchen (Stufe 3) oder wissenschaftlicher Methoden (Stufe 4)	nach Aufwand

Ziff.	**Bezeichnung der Besonderen Leistung (Kurztext)**	**Erläuterungen**	**Bewertung (in v.H. der Honorare)**
4.25.6	Aufstellen einer prüffähigen statischen Berechnung nach den seinerzeit gültigen Normen	Statische Berechnung und Bemessung von Bauwerken nach den zum Erstellungszeitpunkt gültigen Normen (Nachweis nach globalem Sicherheitskonzept), sofern sie nicht anstelle der Grundleistung Nachrechnung nach Stufe 1 der NaRil tritt.	Vergütung durch Grundleistung
4.25.7	Aufstellen einer prüffähigen statischen Berechnung nach Handlungsanweisung Spannungsrisskorrosion	Bei Bauwerken, die mit vergütetem spannungsrisskorrosionsgefährdetem Spannstahl erstellt wurden: Nachweis nach der Handlungsanweisung Spannungsrisskorrosion zusätzlich zu der Grundleistung Nachrechnung nach Stufe 1 und ggf. Besonderen Leistungen nach Ziff. 4.25.4, 4.25.5 und 4.25.6.	nach Aufwand
4.25.8	Kompensationsmaßnahmen	Angabe von Kompensationsmaßnahmen für ggf. verbleibende Nachweisdefizite. Angabe von Sofortmaßnahmen zur Sicherstellung der Standsicherheit (z.B. verkehrsbeschränkende Maßnahmen). Aufstellen von besonderen Prüfanweisungen für das Bauwerk inklusive der Angabe von Detektionsbereichen für erwartete Schädigungen.	nach Aufwand
4.25.9	Aufstellen einer dynamischen Berechnung	Berechnung und Nachweis für dynamische Beanspruchungen z.B. infolge Verkehr, Erdbeben oder Wind	nach Aufwand; für Erdbeben siehe Ziff. 4.8
4.25.10	Ermittlung der Restlebensdauer	Ermittlung der Restlebensdauer mittels Schadensakkumulation	nach Aufwand

Ziff.	Bezeichnung der Besonderen Leistung (Kurztext)	Erläuterungen	Bewertung (in v.H. der Honorare)
4.25.11	Ermittlung von Belastbarkeitswerten	Ermittlung der auf das Ziellastniveau bezogenen Vergleichswerte η mit dem Bezugslastmodell für die einzelnen Teile des Tragwerks	4 bis 7
4.25.12	Machbarkeitsuntersuchung zur Bauwerksertüchtigung	Machbarkeitsstudie für Ertüchtigungs- und Verstärkungsmaßnahmen zur Behebung der in der Nachrechnung festgestellten Defizite inklusive statischer Nachweise für die Einleitung der Kräfte aus der Verstärkung in das Tragwerk. Kostenschätzung für Ertüchtigungs- und Verstärkungsmaßnahmen als Grundlage für eine Wirtschaftlichkeitsuntersuchung.	nach Aufwand
4.25.13	Wirtschaftlichkeitsuntersuchung	Erstellung einer Wirtschaftlichkeitsuntersuchung auf der Grundlage einschlägiger Richtlinien durch Vergleich der Verstärkungsmaßnahmen aus der Machbarkeitsstudie mit einem Ersatzneubau mit Vorschlag für das weitere Vorgehen	nach Aufwand

Leistungsphase 5: Ausführungsplanung

Ziff.	Bezeichnung der Besonderen Leistung (Kurztext)	Erläuterungen	Bewertung (in v.H. der Honorare)
5.1	Konstruktion und Nachweise der Anschlüsse im Stahl- und Holzbau	Anhand der im Detail entwickelten Anschlusskonstruktionen (Leitdetails aus der Lph 5) sind die Anschlüsse selbst zu berechnen und zeichnerisch darzustellen.	8 bis 16
5.2	Werkstattzeichnungen im Stahl- und Holzbau einschließlich Stücklisten, Elementpläne für Stahlbetonfertigteile einschließlich Stahl- und Stücklisten	Kurztext spricht für sich. Diese Leistung ist zur voll honorierten Lph 5 zusätzlich zu vergüten. Der Aufwand bestimmt sich im angemessenen Verhältnis zur Grundleistung der Lph 5.	15 bis 50
5.3	Berechnung der Dehnwege, Festlegen des Spannvorganges und Erstellen der Spannprotokolle im Spannbetonbau	Kurztext spricht für sich.	3 bis 5
5.4	Rohbauzeichnungen im Stahlbetonbau, die auf der Baustelle nicht der Ergänzung durch die Pläne des Objektplaners bedürfen	Es gelten die Erläuterungen zu Ziff. 5.2. Diese Leistung beschreibt die Erweiterung der Schalpläne auf Rohbauzeichnungen (DIN 1356). Die untere Grenze gilt, falls in die fertiggestellten Ausführungspläne des Objektplaners alle für die Bearbeitung der Rohbauzeichnungen erforderlichen Angaben integriert sind.	12 bis 30
Weitere Besondere Leistungen			
5.5	Rechnerische Festlegung der Systemgeometrie mit allen Achsmaßen und Höhenkoten als Grundlage für die Werkpläne und Werkstattzeichnungen im Holz- und Stahlbau und bei Stahlbeton-Fertigteilen	Kurztext spricht für sich. Es gelten die Erläuterungen zu Ziff. 5.2.	8 bis 10

Ziff.	Bezeichnung der Besonderen Leistung (Kurztext)	Erläuterungen	Bewertung (in v.H. der Honorare)
5.6	Darstellung der Knotenanschlussdetails im Ingenieurholzbau in maßstäblicher Form zur Festlegung der Stahleinbauteile	Kurztext spricht für sich. Es gelten die Erläuterungen zu Ziff. 5.2.	10 bis 20
5.7	Ganzheitliche Darstellung der tragenden Konstruktion im Holzbau als Teil der Werkstattplanung	Kurztext spricht für sich. Es gelten die Erläuterungen zu Ziff. 5.2.	20 bis 30
5.8	Bearbeitung von Schalplänen ohne oder ohne fertiggestellte Ausführungsplanung des Objektplaners	Kurztext spricht für sich. Es gelten die Erläuterungen zu Ziff. 5.2. Die untere Grenze (20 v.H.) gilt bei Beginn der Bearbeitung der Schalpläne vor Fertigstellung der Ausführungszeichnungen des Objektplaners. Die obere Grenze (32 v.H.) gilt bei der Bearbeitung ohne Vorliegen von Ausführungszeichnungen des Objektplaners. Dabei sind zunächst Schalplanrohlinge auf der Grundlage der Entwurfszeichnungen des Objektplaners anzufertigen, die dann im Zuge der schrittweisen Verfeinerung der Planung durch den Objektplaner zu endgültigen Schalplänen ergänzt werden. Für die Erweiterung auf Rohbauzeichnungen gilt Ziff. 5.5 zusätzlich.	20 bis 32
5.9	Festlegen des Korrosionsschutzes der Stahlbaukonstruktionen im Stahlbau oder der Stahlteile und Verbindungen im Holzbau	Kurztext spricht für sich.	2 bis 4
5.10	Nachprüfbare Berechnungen der Durchbiegungen und Angabe der Überhöhungen in besonderen Fällen	Kurztext spricht für sich.	2 bis 4

Ziff.	Bezeichnung der Besonderen Leistung (Kurztext)	Erläuterungen	Bewertung (in v.H. der Honorare)
5.11	Prüfung von Ausführungszeichnungen, die von Dritten angefertigt werden, auf Übereinstimmung mit der Tragwerksplanung	Kurztext spricht für sich.	6 bis 20
5.12	Prüfung von Werkstattzeichnungen oder Elementplänen auf Übereinstimmung mit der Genehmigungsplanung und den Ausführungszeichnungen	Kurztext spricht für sich.	16 bis 25
5.13	Konstruktive Gestaltung des Feuerwiderstands der Bauteile	Es gelten die Erläuterungen zu Ziff. 5.2. Die Ergebnisse des Nachweises des Feuerwiderstands der Bauteile müssen in die Ausführungsunterlagen eingearbeitet werden.	Siehe Ziff. 4.1.
5.14	Einarbeiten der Anforderungen der bautechnischen Richtlinien des Grundschutzes in die Ausführungsplanung	Es gelten die Erläuterungen zu Ziff. 5.2. Vgl. auch Ziff. 4.7.	Siehe Ziff. 4.7.
5.15	Einarbeiten der Anforderungen der Erdbebensicherheit in die Ausführungsplanung	Es gelten die Erläuterungen zu Ziff. 5.1. Vgl. auch Ziff. 4.8.	Siehe Ziff. 4.8.
5.16	Wesentliche Leistungen, die infolge von Änderungen der Planung, die vom Auftragnehmer nicht zu vertreten sind, erforderlich werden	Kurztext spricht für sich. Soweit es sich um vertragliche Änderungen des Auftragsumfangs handelt, wird auf § 10 Abs. 1 HOAI 2021 bzw. bei Wiederholungen von Grundleistungen auf § 10 Abs. 2 HOAI 2021 verwiesen.	nach Aufwand im Verhältnis zur Erstellung
5.17	Mitwirken beim Aufstellen von Ablauf- und Netzplänen	Kurztext spricht für sich.	nach Aufwand
5.18	Gestaltungsbedingter konstruktiver Mehraufwand bei der Ausführungsplanung	Kurztext spricht für sich. Vgl. Erläuterungen zu Ziff. 2.9.	

Ziff.	Bezeichnung der Besonderen Leistung (Kurztext)	Erläuterungen	Bewertung (in v.H. der Honorare)
5.19	Bewehrungspläne in 3-D aufgrund von Anforderungen Dritter	Zusatzaufwand beim Erstellen von Bewehrungsplänen, welche in 3-D oder mit erhöhter Information erstellt werden müssen, um z.B. die Koordination mit Gewerken der Technischen Ausrüstung oder Bauphysik im Inneren von Betonbauteilen zu ermöglichen. Damit ergibt sich ein erhöhter Aufwand, welcher sich nicht aus der Planung des Tragwerkes für dessen eigene Ausführung, sondern als Grundlage für die Planung Dritter ergibt (z.B. für Kälte- oder Heizleitungen innerhalb eines Betonbauteiles für Bauteilaktivierung).	nach Aufwand
5.20	Ergänzung von Schal- und/oder Bewehrungsplänen um Angaben, welche nicht Inhalt des Tragwerks sind	In Abwandlung zu Ziffer 5.4, Rohbauzeichnungen, welche auf der Baustelle nicht der Ergänzung durch die Pläne des Objektplaners bedürfen, kann es eine teilweise Ergänzung der Schal- und/oder Bewehrungspläne um Bestandteile geben, welche nicht für die Tragfunktion benötigt werden: • Dübelleisten und Gerüsthülsen für die Verankerung nicht tragender Bauteile und Gerüste • Detaillierte Ausbildung von Fugenbändern und sonstigen Abdichtungsmaßnahmen (z.B. bei weißen Wannen)	nach Aufwand

Ziff.	Bezeichnung der Besonderen Leistung (Kurztext)	Erläuterungen	Bewertung (in v.H. der Honorare)
		• Temporäre Ausbildungen aus dem Baubetrieb (z.B. Einstiegsöffnungen, Kranfundamente, Aussparungen und Einbauteile für Montagezustände) • Hilfsabstützungen und Traggerüste aus dem Bauzustand • Aushubplanung, Geländeverlauf, Bodenschichtenaufbau, Drainage und kapillarbrechende Schichten • Verfüllmaterial und dessen Eigenschaften • Ausschalfristen, Nachbehandlungsdauern und ergänzende Anforderungen an die Baumaterialien zusätzlich zur Tragfunktion (z.B. Ausbildung von weißen Wannen) • Mauerwerksanschlussschienen für nichttragendes Mauerwerk oder Gewerke (z.B. Aufzüge, Fassade) • Leerrohre, Fundamenterder, Einbauteile, Dübel oder Grundleitungen der Technischen Ausrüstung • Einteilung von Elementdeckenplatten, Verlege- oder Montageplänen für Fertigteile oder Halbfertigteile.	

Ziff.	Bezeichnung der Besonderen Leistung (Kurztext)	Erläuterungen	Bewertung (in v.H. der Honorare)
		Damit ergibt sich ein erhöhter Aufwand, welcher sich nicht aus der Planung des Tragwerkes für dessen eigene Ausführung, sondern als Grundlage für die Planung Dritter ergibt (z.B. für Kälte- oder Heizleitungen innerhalb eines Betonbauteiles für Bauteilaktivierung).	
5.21	**Beim Planen im Bestand:** Anfertigen der Ausführungszeichnungen für notwendige Sicherungsmaßnahmen von Bauzuständen		nach Aufwand
5.22	Ausführungsplanung für Baubehelfe		nach Aufwand *alternativ:* Aus Honorare für Grundleistungen für eigenes Tragwerk in den bearbeiteten Leistungsphasen und in den Besonderen Leistungen
5.23	Montageplanung (Schwerpunktberechnungen, Kranösen, Verschlosserungen, Hilfsunterstützungen, Verschübe, Gerüste, Vorbauschnabel, Montageanweisung etc.)		nach Aufwand
5.24	Standsicherheits- und Verformungsberechnungen von Montagezuständen (statische Teilsysteme mit Gerüststellungen etc.)		nach Aufwand
5.25	Messprogramme (Tabellen, Grafiken) zur Verfolgung und ggf. Korrektur von Montagezuständen		nach Aufwand

Leistungsphase 6: Vorbereitung der Vergabe

Ziff.	Bezeichnung der Besonderen Leistung (Kurztext)	Erläuterungen	Bewertung (in v.H. der Honorare)
6.1	Beitrag zur Leistungsbeschreibung mit Leistungsprogramm des Objektplaners	Fußnote (HOAI Anlage 14.1, Lph 6): „Diese Besondere Leistung wird bei Leistungsbeschreibung mit Leistungsprogramm Grundleistung. In diesem Fall entfallen die Grundleistungen dieser Leistungsphase." In dieser Besonderen Leistung wird ein Beitrag zur Leistungsbeschreibung erbracht und nicht der Text der Leistungsposition formuliert.	4 bis 6
6.2	Beitrag zum Aufstellen von vergleichenden Kostenübersichten des Objektplaners		nach Aufwand
6.3	Beitrag zum Aufstellen des Leistungsverzeichnisses des Tragwerks	Bei dieser Leistung handelt es sich um die Erbringung einer Grundleistung aus dem Leistungsbild des Objektplaners aus dessen Lph 6.	Die Bewertung dieser Leistung orientiert sich an § 34 bzw. § 43 HOAI, Lph 6. Diese Leistung ist zur voll honorierten Lph 6 des § 51 Abs. 1 HOAI zusätzlich zu vergüten.
6.3.1	Gebäude		10
6.3.2	Ingenieurbauwerke		13
Weitere Besondere Leistungen			
6.4	Beitrag zum Aufstellen von alternativen Leistungsbeschreibungen für geschlossene Leistungsbereiche		nach Aufwand
6.5	Ermitteln der Mengen des tragenden Mauerwerks getrennt nach Güteklassen		nach Aufwand

Leistungsphase 7: Mitwirkung bei der Vergabe

Ziff.	Bezeichnung der Besonderen Leistung (Kurztext)	Erläuterungen	Bewertung (in v.H. der Honorare)
7.1	Mitwirken bei der Prüfung und Wertung der Angebote aus Leistungsbeschreibung mit Leistungsprogramm je Angebot	Kurztext spricht für sich.	2 bis 4
7.2	Mitwirken bei der Prüfung und Wertung von Nebenangeboten	Kurztext spricht für sich.	2 bis 4 je Angebot
7.3	Mitwirken beim Kostenanschlag nach DIN 276 oder anderen Vorgaben des Auftraggebers aus Einheitspreisen oder Pauschalangeboten		nach Aufwand
Weitere Besondere Leistungen			
7.4	Genaue Berechnung besonderer Bauteile zur Beurteilung von Nebenangeboten	Kann nach Anteilen der zu erbringenden Lph 4 bewertet werden.	nach Aufwand *alternativ:* Aus Honorare für Grundleistungen für eigenes Tragwerk in den bearbeiteten Leistungsphasen (Grundleistungen und Besondere Leistungen)

Leistungsphase 8: Objektüberwachung

Ziff.	Bezeichnung der Besonderen Leistung (Kurztext)	Erläuterungen	Bewertung (in v.H. der Honorare)
8.1	Ingenieurtechnische Kontrolle der Ausführung des Tragwerks auf Übereinstimmung mit den geprüften statischen Unterlagen	Die Ausführung der Konstruktion ist auf Übereinstimmung mit den geprüften statischen Unterlagen zu überwachen; hierzu gehört auch die Feststellung der Tauglichkeit der für die Konstruktionen verwendeten Materialen und Herstellungsarten. Das Ergebnis der Überwachung ist schriftlich festzuhalten. Diese Besondere Leistung ersetzt nicht die Objektüberwachung gemäß § 34 Abs. 3 Nr. 8 HOAI bzw. § 43 Abs. 1 Nr. 8 HOAI (Grundleistungen und Besondere Leistungen). Bei Tragwerken ab Honorarzone III ist die Überwachung von Tragwerken nicht im Rahmen der Objektüberwachung gemäß § 34 bzw. § 43 HOAI geschuldet. Konkret handelt es sich um die ingenieurtechnische Kontrolle der Bewehrung.	
8.1.1	durch geeignete Stichproben (im bauaufsichtlichen Sinne)		9 bis 12
8.1.2	umfassend		15 bis 18

Ziff.	Bezeichnung der Besonderen Leistung (Kurztext)	Erläuterungen	Bewertung (in v.H. der Honorare)
8.2	Ingenieurtechnische Kontrolle der Bewehrung vor dem Betonieren	Bei reinen Stahlbetontragwerken handelt es sich hier um einen wesentlichen Teil der Besonderen Leistungen nach Ziff. 8.1. Die Kontrolle der Bewehrung bezieht sich z.B. auf Stahlgüte, Anzahl, Durchmesser, Lage (Abstände, Betondeckungen, Rüttelgassen Lagesicherungen), Form (Biegeradien, Verankerungslängen), Stoßausbildungen. Das Ergebnis der Kontrolle ist schriftlich festzuhalten.	
8.2.1	durch geeignete Stichproben (im bauaufsichtlichen Sinne)	Kurztext spricht für sich.	8 bis 11
8.2.2	vollständig		13 bis 16
8.3	Ingenieurtechnische Kontrolle der Baubehelfe, z.B. Arbeits- und Lehrgerüste, Kranbahnen, Baugrubensicherungen	Kurztext spricht für sich.	3 bis 15
8.4	Kontrolle der Betonherstellung und -verarbeitung auf der Baustelle in besonderen Fällen sowie statistische Auswertung der Güteprüfungen	Kurztext spricht für sich.	2 bis 10
8.5	Betontechnologische Beratung	Kurztext spricht für sich.	3 bis 5
8.6	Teilnahme an Baubesprechungen	Kurztext spricht für sich.	nach Aufwand
8.7	Kontrolle der Materialgüten im Ingenieurholzbau		nach Aufwand
8.8	Durchführungen der Messungen beim Spannen und Erstellen der Spannprotokolle im Spannbetonbau		nach Aufwand

Ziff.	Bezeichnung der Besonderen Leistung (Kurztext)	Erläuterungen	Bewertung (in v.H. der Honorare)
8.9	**Beim Bauen im Bestand:**		
8.9.1	Mitwirken bei der Überwachung der Ausführung der Tragwerkseingriffe		nach Aufwand
8.9.2	Örtliches Überprüfen von Planungsdetails an der vorgefundenen Substanz und Überarbeitung der Planung bei Abweichungen von den ursprünglichen Feststellungen		nach Aufwand
8.10	Leistungen nach Abschluss der Tragwerksplanung	Z.B. Teilnahme an Planungs- und Baubesprechungen, Bearbeitung von nachträglichen Änderungen und Einwirkungen auf das Tragwerk (Aussparungen, Schlitze, Veränderungen von Lasten).	nach Aufwand

Leistungsphase 9: Objektbetreuung und Dokumentation

Ziff.	Bezeichnung der Besonderen Leistung (Kurztext)	Erläuterungen	Bewertung (in v.H. der Honorare)
9.1	Baubegehung zur Feststellung und Überwachung von die Standsicherheit betreffenden Einflüssen		nach Aufwand
9.2	Erstellen eines Bauwerksbuches (DIN 1076) bei Vorliegen aller Unterlagen	Die Bewertung setzt voraus, dass diese Leistung vom Tragwerksplaner des Bauwerks selbst erbracht wird.	1 bis 2
9.3	Erstellen eines Übersichtsplans für das Bauwerksbuch	Erläuterung wie zu Ziff. 9.2.	3 bis 8
9.4	Festlegen eines Begehungsprogramms für die regelmäßigen Begehungen des Bauwerks nach RÜV, Durchführung der Erstbegehung		nach Aufwand
9.5	Erstellen von Bestandsplänen		nach Aufwand
9.6	Überwachen der Mängelbeseitigung		nach Aufwand

Anhang: Planungsverfahren gemäß DIN EN 1991-1-2

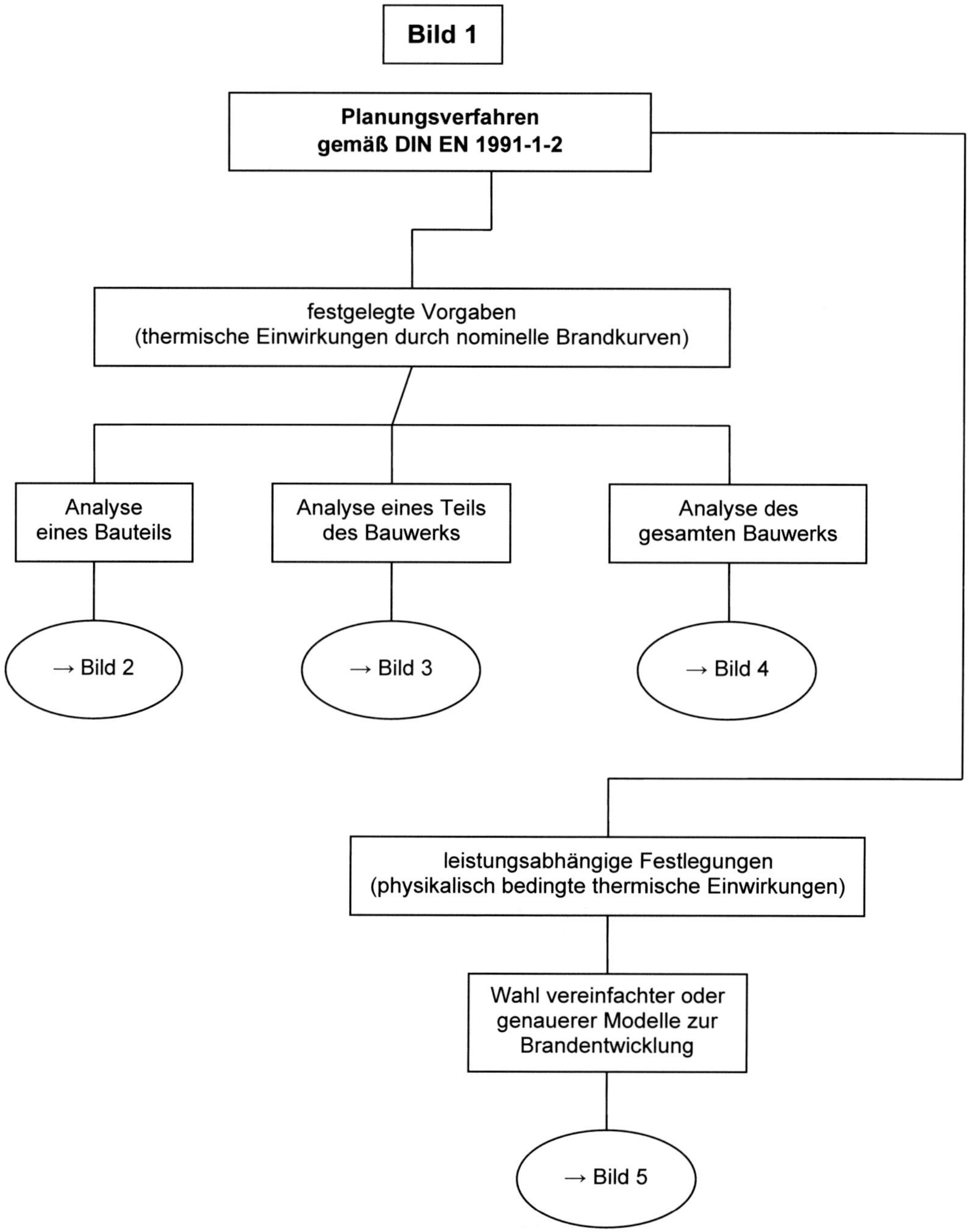

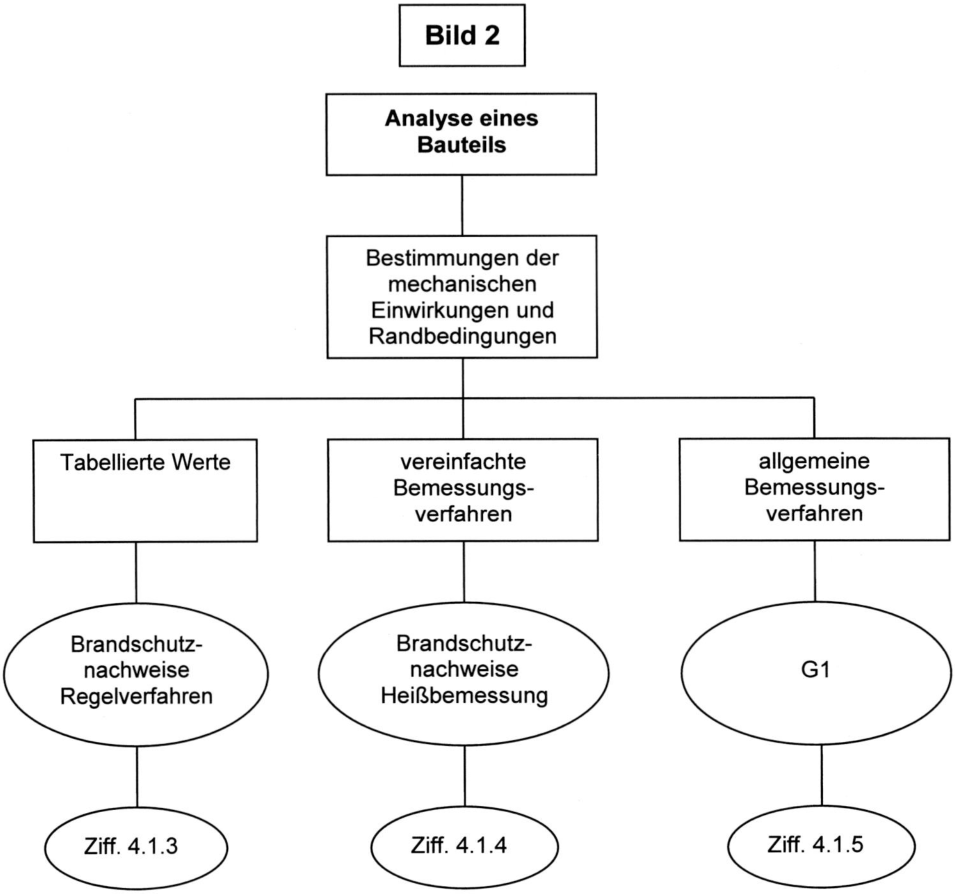

G1 = Brandschutznachweise mittels Analyse von Teilen oder des gesamten Tragwerks

Bild 3

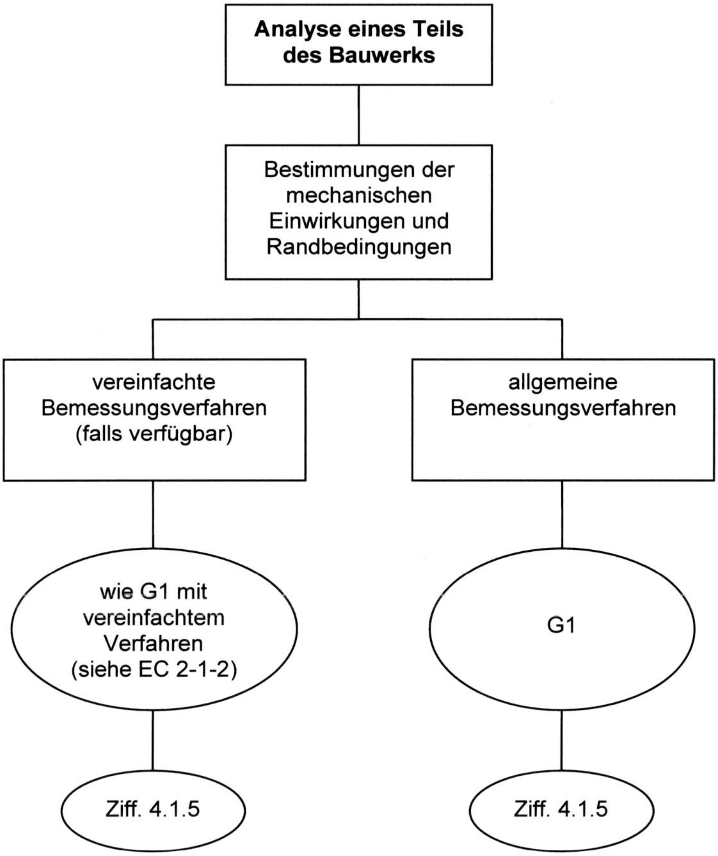

G1 = Brandschutznachweise mittels Analyse von Teilen oder dem gesamten Tragwerk

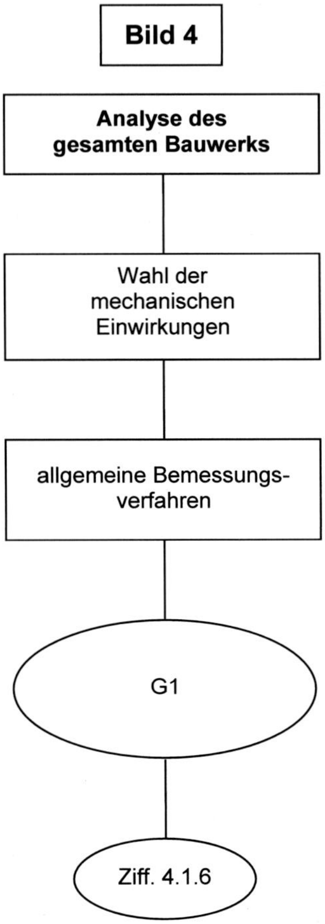

G1 = Brandschutznachweise mittels Analyse von Teilen oder des gesamten Tragwerks

Bild 5

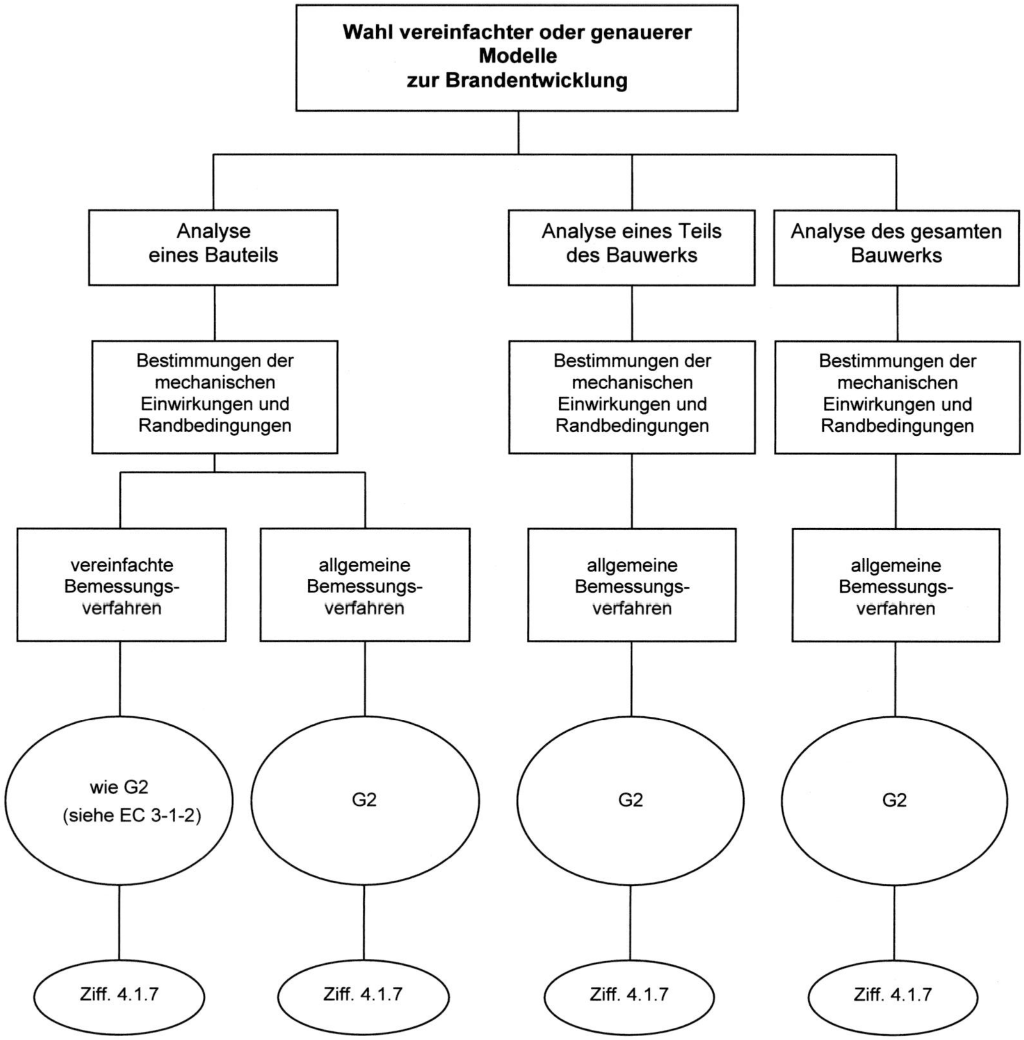

G2 = wie G1 mit Naturbrandkurven

Teil C: Abgrenzung der Grundleistungen und Umfang der Tragwerksplanung nach Teil 1, § 2 und Teil 4, Abschnitt 1, § 49 der HOAI

Im Folgenden werden Aspekte bei der Bewertung von Grundleistungen der Tragwerksplanung der HOAI erläutert, welche in Verbindung mit der Anwendung dieses Heftes zu Rückfragen an die Fachkommission führten.

Für weiterführende Ausführungen wird auf die verschiedenen Gesetzeskommentare zur HOAI verwiesen.

Direkte Zitate sind *kursiv geschrieben* und mit Bezug wiedergegeben.

1. Begriff des Tragwerkes als Objekt

Nach HOAI ist in § 2 Abs. 1 der Begriff Objekt für das Tragwerk definiert und auf das Tragwerk anzuwenden. Auf das Objekt und die *zur ordnungsgemäßen Erfüllung eines Auftrages im Allgemeinen erforderlichen Grundleistungen* (§ 3 Abs. 1 HOAI) bezieht sich das Honorar für Grundleistungen.

Ein Planungsauftrag kann ein oder mehrere Objekte umfassen. Besteht ein Auftrag aus mehreren Objekten, so *sind die Honorare ... für jedes Objekt getrennt zu berechnen* (§ 11 Abs. 1 HOAI; vorbehaltlich der Absätze 2, 3 und 4 des § 11 HOAI). Das Honorar für Grundleistungen ermittelt sich aus den anrechenbaren Kosten dieses Objektes, der Honorarzone und den Honorartabellen (§ 6 HOAI).

Die Zuordnung von Objekten innerhalb eines Auftrags beschreibt der VII. Zivilsenat des BGH in seinem Urteil vom 30.4.2004 anhand von Regenrückhaltebecken und Lärmschutzwällen an einer Autobahn mit den Kriterien der Leistungsbereiche der HOAI und getrennten Funktionen, welche diese Objekte erfüllen.

Zitate aus dem Urteil VII ZR 192/03:

- *Die getrennte Abrechnung der Ingenieurbauwerke und der Verkehrsanlagen folgt vielmehr daraus, dass sie zu unterschiedlichen Leistungsbereichen gehören.*
- *Ingenieurbauwerke sind abrechnungstechnisch von Verkehrsanlagen ebenso geschieden wie etwa von der Tragwerksplanung, der Technischen Ausrüstung oder anderen Ingenieurleistungen, die Gegenstand der Honorarordnung sind.*
- *Der enge funktionale Zusammenhang ist im Gegenteil typisch für Ingenieurbauwerke bei Verkehrsanlagen und die dazugehörenden Verkehrsanlagen. Auch Brücken, Unterführungen oder Stützmauern sind ohne die Straße, für die sie gedacht sind, funktionslos. Trotzdem müssen alle diese Bauwerke nach den eigenen Vorschriften für Ingenieurbauwerke gesondert abgerechnet werden.*

Zur Verortung des Objektes Tragwerk im Objekt Gebäude, Ingenieurbauwerk und Traggerüst urteilt der VII. Zivilsenat des BGH am 24.1.2002 für die Fachplanung der Technischen Anlagen innerhalb eines Objektes Gebäude:

Zitate aus dem Urteil VII ZR 460/00:

Hinweis: Für die Anwendung zur Fachplanung Tragwerksplanung sind die Begriffe „(haustechnische) Anlage" durch „Tragwerk" und die „Funktions- und Versorgungseinheiten" durch „statisches Gesamtsystem" zu ersetzen.

- *Der in § 68 HOAI verwendete Begriff „Anlage"* (hier: Tragwerk) *müsse vielmehr dem Begriff „Gebäude"* (hier: Gebäude, Ingenieurbauwerk oder Traggerüst) *folgen.*
- *Daraus ergebe sich, dass auch der Sonderfachmann seine Leistungen getrennt abrechnen dürfe, wenn er Anlagen* (hier: Tragwerke) *für real selbständige Gebäude* (hier: Gebäude, Ingenieurbauwerke oder Traggerüste) *mit verschiedenen Funktionen geplant habe.*
- *Auf die zwischen den Parteien streitige Frage, ob die von der Klägerin geplanten haustechnischen Anlagen* (hier: Tragwerke) *jeweils in sich geschlossene Funktions- und Versorgungseinheiten* (hier: statische Gesamtsysteme) *darstellten, komme es nicht an.*
- *Für die Beurteilung des Honorars eines Ingenieurs ist somit entscheidend, ob die Anlagenteile* (hier: miteinander verbundene, lastabtragende Konstruktionen) *nach funktionellen und technischen Kriterien zu einer Einheit* (hier statisches Gesamtsystem) *zusammengefasst sind.*

Die Objektplanungen nach HOAI, Teil 3, für welche Tragwerksplanungen verordnet sind, unterscheiden nach ... *Gebäuden, Ingenieurbauwerken und Traggerüsten bei Ingenieurbauwerken* (§ 49 Abs. 1 i.V.m. Abs. 2 HOAI).

Die funktionale Trennung bei Ingenieurbauwerken besteht nach § 41 HOAI in den dort benannten sieben Anwendungsbereichen (Wasserversorgung, Abwasserversorgung etc.), für welche in der Objektliste der Anlage 12.2 eigenständige Objekte benannt sind. Jedes dieser Objekte Ingenieurbauwerke beinhaltet mindestens ein Objekt Tragwerk. Ein Auftrag wird folglich in einer Vielzahl von Fällen mehr als ein Objekt Tragwerk umfassen.

Umfasst ein Auftrag mehrere vergleichbare ... Tragwerke (d.h. Objekte Tragwerk) *mit weitgehend gleichartigen Planungsbedingungen, die derselben Honorarzone zuzuordnen sind und die im zeitlichen und örtlichen Zusammenhang als Teil einer Gesamtmaßnahme geplant und errichtet werden sollen, ist das Honorar nach der Summe der anrechenbaren Kosten zu berechnen.* (§ 11 Abs. 2 HOAI)

Planungsbedingungen sind die Anforderungen an die Fachplanung Tragwerksplanung. Diese sind als Bewertungsmerkmale in der Anlage 14.2 Objektliste Tragwerksplanung beschrieben.

Für *mehrere im Wesentlichen gleiche ... Tragwerke* (d.h. Objekte Tragwerk), *die im zeitlichen und örtlichen Zusammenhang unter gleichen baulichen Verhältnissen geplant oder errichtet werden sollen, oder mehrere Objekte nach Typenplanung oder Serienbauten, ... sind die Prozentsätze der Leistungsphasen 1 bis 6* gestaffelt nach der Anzahl der Wiederholungen im Honorar zu mindern (§ 11 Abs. 3 HOAI).

Voraussetzung für die Minderung der Honorare nach § 11 Abs. 2, 3 oder 4 HOAI ist die gleichzeitige Erfüllung aller Bedingungen.

2. Tragwerksplanung im Objekt Tragwerk

Die Tragwerksplanung ist als *die statische Fachplanung für die Objektplanung Gebäude und Ingenieurbauwerke* definiert (§ 49 Abs. 1 HOAI). *Das Tragwerk bezeichnet das statische Gesamtsystem der miteinander verbundenen, lastabtragenden Konstruktionen, die für die Standsicherheit von Gebäuden, Ingenieurbauwerken und Traggerüsten bei Ingenieurbauwerken maßgeblich sind.* (§ 49 Abs. 2 HOAI)

Somit sind nicht zum Tragwerk gehörende Konstruktionen kein Bestandteil der Grundleistung des Tragwerkplaners. Beispiele hierfür sind entsprechend Anlage 14, Lph 4 Genehmigungsplanung, Besondere Leistungen, Anstrich 6: *... an nicht zum Tragwerk gehörenden Konstruktionen (zum Beispiel Fassaden)",* nichttragende Bauteile der Baukonstruktion oder die Befestigung oder Ausbildung von Bauteilen der Technischen Ausrüstung, da diese Bauteile nicht Bestandteil der „lastabtragenden Konstruktion" sind.

Die inhaltliche Konkretisierung der HOAI 2021 (beginnend ab der HOAI 2013) besteht in der Ergänzung ... *der miteinander verbundenen, lastabtragenden Konstruktionen, ...* D.h. innerhalb der Gebäude, Ingenieurbauwerke oder Traggerüsten bei Ingenieurbauwerken sind die miteinander verbundenen lastabtragenden Konstruktionen Gegenstand jeweils eines Objektes Tragwerk. Dabei ist das statische Gesamtsystem immer mit dem zugehörigen Objekt Gebäude, Ingenieurbauwerk oder dem Traggerüst bei Ingenieurbauwerken begrenzt.

Besteht das Gebäude oder Ingenieurbauwerk aus mehreren, nicht miteinander verbundenen, lastabtragenden Konstruktionen, so handelt es sich um mehrere eigenständige Objekte Tragwerk. Dies entspricht auch der Regelung, dass Traggerüste bei Ingenieurbauwerken eigene Tragwerke sind (§ 49 Abs. 2 HOAI), denn ein Traggerüst stellt keine mit dem endgültigen Tragwerk verbundene Konstruktion dar.

Ein statisches Gesamtsystem, welches aus einem statisch miteinander verbundenen Gebäude und einem Ingenieurbauwerk (z.B. Wohnhaus als Objekt Gebäude auf einer darunterliegenden Tiefgarage als Objekt Ingenieurbauwerk) besteht, besteht damit honorartechnisch aus mindestens zwei Tragwerken.

Die Bestandteile eines Tragwerkes können aus verschiedenen Materialien bestehen, welche lastabtragend verbunden sind. So stellt ein Dachstuhl aus Holz auf einer Mauerwerkswand oder einer Betondecke kein eigenes Tragwerk dar. Die verschiedenen Bestandteile des Tragwerks sind jedoch bei der Bewertung der Honorarzone zu berücksichtigen (Anlage 14.2).

3. Herstellkosten des Tragwerkes

Anrechenbare Kosten des Tragwerks für die Honorare der Grundleistungen sind *bei Gebäuden und zugehörigen baulichen Anlagen 55 Prozent der Baukonstruktionskosten und 10 Prozent der Kosten der Technischen Anlagen* (§ 50 Abs. 1 HOAI). *Bei Ingenieurbauwerken sind 90 Prozent der Baukonstruktionskosten und 15 Prozent der Kosten der Technischen Anlagen anrechenbar* (§ 50 Abs. 3 HOAI).

Beide Herleitungen sind feste, pauschalierte Ermittlungsregeln, unabhängig von der Ausbildung des Tragwerkes in der Baukonstruktion und umfassen jeweils einen festen Anteil der gesamten Kosten der Baukonstruktion bzw. der Technischen Ausrüstung in der Gliederung der DIN 276 (DIN 276-1: 2008-12; siehe § 4 Abs. 1 HOAI 2021).

Abweichend können *die Vertragsparteien ... bei Gebäuden mit einem hohen Anteil an Kosten der Gründung und der Tragkonstruktion schriftlich vereinbaren, dass die anrechenbaren Kosten abweichend von Absatz 1 nach Absatz 3 ermittelt werden* (§ 50 Abs. 2 HOAI). Damit kann bedarfsweise auch bei Gebäuden die Berücksichtigung der Baukosten wie bei Ingenieurbauwerken vereinbart werden.

Bei Kostenermittlungen ist vom Kostenstand zum Zeitpunkt der Ermittlung auszugehen (DIN276-1: 2008-12, Ziffer 3.3.10). *Dieser Kostenstand ist durch die Angabe des Zeitpunktes zu dokumentieren. Vorhersehbare Kostenrisiken sind nach ihrer Art, ihrem Umfang und ihrer Eintrittswahrscheinlichkeit* zu benennen (Ziffer 3.3.9). Dazu gehören auch Kostenveränderungen auf den Zeitpunkt der Fertigstellung, insbesondere bei längeren Realisierungszeiten (Ziffer 3.3.10). *Die Kosten sind vollständig zu erfassen und zu dokumentieren* (Ziffer 3.3.2) und beinhalten damit auch Besondere Kosten (Ziffer 3.3.8) und Kostenrisiken (Ziffer 3.3.9). *Die Kostenermittlungen dienen als Grundlagen für Finanzierungsüberlegung und Kostenvorgaben, für Maßnahmen der Kostenkontrolle und der Kostensteuerung, für Planungs-, Vergabe- und Ausführungsentscheidungen sowie zum Nachweis der entstandenen Kosten* (Ziffer 3.3.1) und beziffern daher immer die Kosten der Fertigstellung, denn diese Beträge sind zu finanzieren.

Tragwerksplanerische Leistungen, welche nicht Gegenstand des Tragwerks sind, z.B. Fassaden, nichttragende Wände oder Anlagen der Technischen Ausrüstung, benötigen eine eigene Honorargrundlage (§ 50 Abs. 5 HOAI). Dies sind die Herstellkosten der betroffenen Baukonstruktion oder Technischen Ausrüstung, welche tragwerksplanerisch gesondert zu beplanen sind. Bei einer solchen zusätzlichen Beauftragung erfolgt die Herleitung der anrechenbaren Kosten der Honorare für Grundleistungen der Tragwerksplanung unverändert mit den festen Anteilen der gesamten Herstellkosten des gesamten Objektes.

4. Leistungsbild Tragwerksplanung

4.1 Grundleistungen

Die im Allgemeinen für die Planung eines Tragwerkes erforderlichen Leistungen werden in der HOAI in Leistungsphasen als Grundleistungen beschrieben (§ 3 Abs. 1 HOAI). Die kleinste Einheit der Vergütung, welche die HOAI verordnet, ist die Leistungsphase (§ 3 Abs. 1 HOAI).

Die Grundleistungen sind im Allgemeinen erforderlich und innerhalb der Leistungsphase in dem Leistungsschritt *Zusammenfassen, Erläutern und Dokumentation der Ergebnisse* (HOAI, Anlage 14, Lph 1 bis 3, jeweils letzte Grundleistung) in den Erfordernissen und Ergebnissen zu bewerten und zu dokumentieren. Ergebnis kann sein, eine Teilleistung in reduziertem Umfang oder nicht zu benötigen. Eine vergleichbare Bewertung des Erfordernisses erfolgt auch für die in den Lph 4 bis 6 benannten Grundleistungen durch das Erstellen und Einreichen der Genehmigungsunterlagen, Übergabe der Ausführungsunterlagen bzw. Mitwirken beim Vorbereiten der Vergabeunterlagen. In Ausnahmefällen kann eine Reduzierung der Leistungen einer Leistungsphase gewünscht sein. *Für die übertragenen Grundleistung darf nur ein Honorar berechnet und vereinbart werden, das dem Anteil der übertragenen Grundleistungen an der gesamten Leistungsphase entspricht* (§ 8 Abs. 2 HOAI). *Die gesonderte Vergütung eines zusätzlichen Koordinierungs- oder Einarbeitungsaufwandes* wird in solchen Fällen meist zu prüfen und zu bewerten sein (§ 8 Abs. 3 HOAI).

Bei verschiedenen technischen Lösungen verändert sich der Aufwand der Grundleistungen und deren Darstellung. Hier benennt § 51 Abs. 2 HOAI für den Holzbau mit unterdurchschnittlichem Schwierigkeitsgrad eine Minderung der Bewertung der Lph 5 mit 30 %, statt der üblichen Bewertung von 40 %. Diese Regelung beinhaltet im Umkehrschluss jedoch die Aussage, dass in allen anderen Fällen (Holzbau durchschnittlicher oder hoher Schwierigkeit; oder Stahlbau allgemein) einheitlich die Vergütung der Lph 5 mit dem Regelfall von 40 % verordnet ist. In Fällen die z.B. keine oder in reduziertem Umfang Schal- oder Bewehrungspläne beinhalten, stellt somit der Entfall von Schalplänen keine Leistungsreduzierung oder den Entfall einer Grundleistung dar. Vielmehr stellt bei Mischkonstruktionen die jeweils notwendige Grundleistung der technischen Lösungen die geschuldete gesamte Grundleistung dar.

Bei einer konventionellen bzw. meist üblichen Bauaufgabe wird die Planung dem ausführenden Unternehmer oder anderen Beteiligten als Ausdruck, lesbar und mit den notwendigen Informationen (nicht Werkstattplanung), zu dessen weiterführenden Leistungserbringung übergeben. Bei im dreidimensionalen Raum komplexen Objekten, oder auch künftig bei einer weitreichenderen Digitalisierung der Genehmigungs- oder Bauprozesse, kann es sinnvoll sein, die Planungen vollständig digital zur Verfügung zu stellen. Eine solche Übergabe beinhaltet die notwendigen Angaben der Planung nicht mehr im Ausdruck lesbar, sondern erfordert digitale Hilfsmittel bei dem ausführenden Unternehmer und/oder anderen Beteiligten, um die Angaben aus den übergebenen Daten zu entnehmen oder dort einzusehen. In solchen Fällen ist das gemeinsame Verständnis der geschuldeten Leistung einvernehmlich vertraglich zu beschreiben. Die Planungsleistung kann als konventionelle Planung in Grundrissen, Schnitten oder Ansichten mit Bemaßungen und Beschriftungen (gleichwohl mittels digitaler Werkzeuge erarbeitet) erbracht werden oder alternativ als digitales Datenmodell mit integrierten und auslesbaren Eigenschaften. In beiden Fällen ist die Leistung vollständig und es besteht der Anspruch an eine vollständige Vergütung nach der HOAI. Ist die Leistung in beiden Übergabeformen zu erstellen, kann dies einen Mehraufwand bedeuten.

Leistungen, welche bei einer konventionellen Leistungserbringung der Planung Besondere Leistungen darstellen (siehe 4.4 im Folgenden), stellen auch bei einer digitalen Leistungserbringung ohne Planableitung Besondere Leistungen dar. Die Reihenfolge und der Inhalt der Grundleistungen sind bei einer konventionellen Leistungserbringung und einer digitalisierten Leistungserbringung unverändert in der Reihenfolge und im Inhalt der einzelnen Leistungsphasen zu erbringen.

Wird durch den Auftraggeber die Durchgängigkeit der digitalisierten Leistungen gewünscht, z.B. im Rahmen von BIM – Building Information Modelling, so sind die Vorgaben zur Leistungserbringung vom Auftraggeber zur Verfügung zu stellen oder von diesem vorbereitend oder begleitend erarbeiten zu lassen. Gleichfalls sind die zusätzlichen Aufwendungen, u.a. eines Datenraumes zur Datenübergabe, um diese Daten anderen Beteiligten zur Verfügung zu stellen und die Organisation dieses Datenraumes, vom Auftraggeber gesondert zu beauftragen und nicht Bestandteil der Grundleistung Tragwerksplanung. Für weiterführende Erläuterungen wird auf das Grüne Heft Nr. 11 des AHO „Leistungen Building Information Modeling – Die BIM-Methode im Planungsprozess der HOAI" verwiesen.

Die Planung eines Tragwerkes ist nach den gleichen Objektbedingungen als Grundleistung geschuldet (HOAI, Anlage 14, Lph 2 c) „... Untersuchung der Lösungsmöglichkeiten des Tragwerks unter gleichen Objektbedingungen …"). Unter diesen Objektbedingungen sind bei der Tragwerksplanung die Objektbedingungen an das Tragwerk zu verstehen, d.h., die Anforderung an das Tragwerk ist durch die Planung des Objektes Gebäude, Ingenieurbauwerk oder Traggerüst in den Vorgaben bestimmt.

Werden durch den Objektplaner Gebäude bzw. Ingenieurbauwerk im Rahmen der Grundleistung Objektplanung alternative Lösungsmöglichkeiten nach gleichen Anforderungen des Gebäudes bzw. Ingenieurbauwerks erarbeitet, so schuldet der Tragwerksplaner für die vom Objektplaner mit dem Auftraggeber abgestimmte Hauptlösung seine Grundleistungen „…einschließlich der Untersuchungen zu Lösungsmöglichkeiten des Tragwerks…" für dieses Planungskonzept (siehe HOAI, Anlage 10, Lph 2 c) und e) für Objektplanung Gebäude, Anlage 12, Lph 2 e) für Objektplanung Ingenieurbauwerke und Anlage 14, Lph 2 c) für die Tragwerksplanung). Für die Bewertung von Varianten des Objektplaners sind die Ergebnisse der Tragwerksplanung (Bewertung Machbarkeit, Kosten, Termine etc.) aus dem Planungskonzept Tragwerk als Besondere Leistung zuzuarbeiten.

Sind verschiedene Objektbedingungen der Tragwerksplanung zu bearbeiten, handelt es sich um eine Besondere Leistung (Anlage 14, Ziffer 14.1, Lph 2, Besondere Leistungen, dort 1. Anstrich HOAI).

Die Grundleistungen sind in einer üblichen Zeitdauer und in durchgängiger Bearbeitung zu erbringen. Bei Abweichungen hiervon war in der HOAI 2013 verordnet: *Die … Festgesetzten Höchstsätze dürfen nur bei außergewöhnlichen oder ungewöhnlich lange dauernden Grundleistungen … überschritten werden* (§ 7 Abs. 4 HOAI 2013). *Dabei bleiben Umstände, soweit sie bereits bei der Einordnung in die Honorarzonen oder für die Einordnung in den Rahmen der Mindest- und Höchstsätze bestimmend gewesen sind, außer Betracht* (§ 7 Abs. 4 HOAI 2013). Solche Überschreitungen sind im Einzelfall, insbesondere bei langen Planungs- und Ausführungszeiten, unverändert zu bewerten und zu berücksichtigen (§ 2a Abs. 1 HOAI). Bei langen Planungszeiten kann dies auch in Form eines erhöhten Aufwands aus Einarbeitung und Unterbrechung in der Leistungserbringung, analog zu § 8 Abs. 3 HOAI, erfolgen.

4.2 Entfall von Grundleistungen und Erbringung von Teilleistungen

Werden dem Auftragnehmer nicht alle Leistungsphasen eines Leistungsbildes übertragen (§ 8 Abs. 1 HOAI) und/oder *werden dem Auftragnehmer nicht alle Grundleistungen einer Leistungsphase übertragen* (§ 8 Abs. 2 HOAI) dürfen nur die übertragenen Leistungen berechnet und vereinbart werden. Für diese Fälle sieht die HOAI vor, *die gesonderte Vergütung eines zusätzlichen Koordinierungs- oder Einarbeitungsaufwand … in Textform zu vereinbaren* (§ 8 Abs. 3 HOAI). Damit stellt die HOAI ausdrücklich fest, dass es a) besondere Fälle sind, wenn nicht alle Leistungsphasen und/oder innerhalb der Leistungsphasen einzelne Grundleistungen nicht beauftragt werden, und b) dass in diesen Fällen ein zusätzlicher Aufwand entstehen kann. Dieser zusätzliche Aufwand wird in der HOAI als Einarbeitungsaufwand bezeichnet, wenn nicht alle Leistungsphasen zu bearbeiten sind und als Koordinierungsaufwand, wenn Leistungsphasen oder Grundleistungen durch Dritte erbracht werden und vom Tragwerksplaner in die eigene Leistung zu integrieren oder dort mitzuverwenden sind.

Dies gibt den deutlichen Hinweis, dass der Entfall von Leistungsphasen oder von Leistungsbildern im Allgemeinen nicht ersatzlos geschehen kann, sondern diese Leistungen meist durch einen Dritten zu erbringen sind. Dies kann z.B. auch der AG sein, indem er diese Leistung selbst erbringt oder bewusst auf diese Leistung verzichtet.

Dieser Leistungserbringer sollte in der Leistungsvereinbarung zwischen den Vertragsparteien immer benannt werden, um das geregelte Leistungsbild Tragwerksplanung vollständig zu vereinbaren. Nur dadurch kann das verbleibende geschuldete Werk des Auftragnehmers Tragwerksplanung in seiner veränderten Leistung, Verantwortung und Haftung beschrieben werden.

Ein Beispiel, für welches der Einarbeitungs- und Koordinierungsaufwand in § 51 Abs. 2 und 3 HOAI bewertet ist, sind Bewehrungspläne ohne gleichzeitige Beauftragung von Schalplänen. Die Bewehrungspläne sind als alleinige Beauftragung mit 30 %, Schalpläne als alleinige Beauftragung mit 20 % zu vergüten. Diese beiden Teilleistungen der Lph 5 als Einzelleistungen werden in Summe mit 50 % der Honorare für Grundleistungen Tragwerksplanung bewertet. Bei einer vollständigen Beauftragung der Lph 5 mit dem Inhalt von Schal- und Bewehrungsplänen ist die Vergütung dagegen mit 40 % bewertet. Es ist somit ein zusätzlicher Aufwand von 10 % als Einarbeitungs- und Koordinierungsaufwand verordnet, dies ist ein zusätzlicher Aufwand von ca. einem Drittel der entfallenden Teilleistung in der verbleibenden Grundleistung. Dieser Aufwand entsteht einem Tragwerksplaner, welcher selbst die Schalpläne, jedoch keine Bewehrungspläne zu erstellen hat, z.B. durch den zusätzlichen Koordinationsaufwand mit dem Ersteller der Bewehrungspläne im Zuge seiner eigenen Bearbeitung der Schalpläne und/oder durch den Entfall der Synergien bei einer vollständigen alleinigen Leistungserbringung.

Wird eine Teilleistung für sich allein beauftragt (z.B. das alleinige Erstellen von „Elementplänen für Stahlbetonfertigteile einschließlich Stahl- und Stücklisten" siehe Anlage 14, Ziffer 14.1, Lph 5 Ausführungsplanung, Besondere Leistungen 2. Anstrich), wird ein höherer Aufwand bei einem Leistungserbringer entstehen, welcher allein diese Teilleistung erbringt, gegenüber einem Leistungserbringer, welcher diese Teilleistung neben weiteren Grundleistungen Tragwerksplanung für das Objekt erbringt. Entsprechend ist eine einzelne Teilleistung in alleiniger Leistungserbringen höher zu vergüten. Die in den folgenden Beispielen (s. Abschnitt 5.4) benannten Bewertungen von Besonderen Leistungen gehen immer davon aus, dass eine Besondere Leistung im Zusammenhang mit beauftragten Grundleistungen Tragwerk zu erbringen ist.

Ein Entfall von Teilleistungen innerhalb einer Tragwerksplanung liegt auch vor, wenn diese Leistungen von einem anderen Tragwerksplaner zu erbringen sind. Ein Beispiel hierfür ist ein komplexes Objekt, dessen Tragwerke aus verschiedenen Konstruktionen bestehen (z.B. Holzbau für das Dach und die Stützen, Massivbau bei Wänden und Gründung) mit dem fachlichen Bedarf eines Spezialisten Tragwerk Holzbau und eines Spezialisten Tragwerk Massivbau. Ist das Holztragwerk selbstständig tragend, stellt dies ein eigenes Objekt dar. Der Auftraggeber übergibt die Ergebnisse der planerischen Bearbeitung Holzbau dem Tragwerksplaner Massivbau als Vorgabe. Von diesem ist das Bauwerk Massivbau als eigenes Objekt zu planen. Die Vergütung Tragwerk Massivbau erfolgt allein auf der Basis der Herstellkosten des Objektes Massivbauwerk. Voraussetzung für diese Betrachtung ist, dass die Vorgaben aus dem Holzbau durch den Auftraggeber vollständig zur Leistungserbringung für das Tragwerk Massivbau zur Verfügung gestellt werden. Haben die Tragwerksplaner Holzbau und Massivbau die Konstruktion in Abstimmung und gemeinsamer schrittweiser Erarbeitung zu erarbeiten, so ist der entstehende Koordinierungs- und Einarbeitungsaufwand in das jeweils andere Tragwerk zusätzlich zu vergüten.

4.3 Leistungsphasen (Reihenfolge der Grundleistungen)

Die Tragwerksplanung ist in der Reihenfolge der Leistungsphasen zu erbringen. Es wird vom Allgemeinen zum Detail geplant, dabei gilt: *Die Wirtschaftlichkeit der Leistung ist stets zu beachten* (§ 3 Abs. 3 HOAI), da Leistungen nur einmalig zu erbringen sind und folgende Planungen auf abgeschlossenen Ergebnissen der vorherigen Leistungsphase erbracht werden. Die Anforderung an die Wirtschaftlichkeit der Leistungserbringung für alle Leistungsphasen und Grundleistungen der HOAI ergibt sich aus der Aufgabenstellung aus dem „Ermächtigungsgesetz" (Gesetz zur Regelung von Ingenieur- und Architektenleistungen vom 4.11.1971, geändert durch Gesetz vom 12.11.1984), wonach Mindestsätze festzulegen sind, welche nur in Ausnahmefällen unterschritten werden können. Daher wird der HOAI die wirtschaftlichste Abwicklung der Planungsleistungen zugrunde gelegt.

4.4 Besondere Leistungen

Die Aufzählung der Besonderen Leistung in der HOAI *und in den Leistungsbildern ihrer Anlagen ist nicht abschließend* (§ 3 Abs. 2 HOAI). Das vorliegende Heft dient seit seiner ersten Auflage wesentlich der Aufgabe, Besondere Leistungen zu benennen und Hilfestellung für deren Abgrenzung zu den Grundleistungen und deren Vergütung zu bieten.

Wesentliche Abgrenzung zwischen einer Grundleistung und einer Besonderen Leistung ist, ob eine Grundleistung innerhalb der wirtschaftlichen Leistungserbringung der Planung, Ausschreibung, Vergabe und Objektüberwachung in den Leistungsphasen der HOAI *für die ordnungsgemäße Erfüllung eines Auftrags*, d.h. die Errichtung des Objektes Tragwerk, *im Allgemeinen erforderlich ist* (§ 3 Abs. 1 HOAI).

In der HOAI benannte Beispiele Besonderer Leistungen (siehe Anlage 14, Ziffer 14.1) sind daher Leistungen in früheren als den verordneten Leistungsphasen („vorgezogene Berechnungen" oder „vorgezogene Mengenermittlungen"), besondere Nachweise aus dem Grundstück (z.B. „Erdbebensicherung", „Bergschadenssicherung"), besondere Nachweise, welche nicht aus dem Tragwerk selbst erforderlich sind („konstruktiver Brandschutz"), besondere Nachweise anhand von speziellen Lasten („militärische Lastenklassen"), Nachweise für „nicht zum Tragwerk gehörenden Konstruktionen (z.B. Fassaden"), erweiterter Planungsumfang aus dem üblichen Leistungsbild anderer Planungsbeteiligter oder ausführender Firmen („Rohbauzeichnungen", „Anschlüsse im Stahl- und Holzbau", „Werkstattzeichnungen im Stahl- und Holzbau", „Beitrag zum Aufstellen des Leistungsverzeichnisses des Tragwerks") sowie Mitwirken bei Besonderen Leistungen Dritter („Beitrag zur Leistungsbeschreibung mit Leistungsprogramm des Objektplaners") und in den Lph 7 bis 9 nicht verordnete Grundleistungen.

Wird eine verordnete Grundleistung aus einer späteren Leistungsphase vor ihrem verordneten Ablauf benötigt, bleibt die Leistung Grundleistung (Korbion/Mantscheff/Vygen, HOAI, 7. Auflage 2009, Rn. 18). Der Aufwand kann, wegen fehlendem Stand der übrigen Planung für diese Grundleistung, sich erhöhen (z.B. Mengenermittlungen für die Ausschreibung ohne Stahllisten aus der Ausführungsplanung) oder in einer geringeren Differenzierung erbracht werden (z.B. kann eine Mitwirkung bei der Leistungsbeschreibung auf dem Stand Entwurfsplanung nur die Planungstiefe des Entwurfes aufweisen). Bei erneuter Erbringung der Grundleistung zu einem späteren Zeitpunkt im Planungsablauf ist diese jedoch erneut zu vergüten.

Die in diesem Heft benannten Besonderen Leistungen sind aus dieser obigen Systematik abgeleitet und wiederholen zuerst die bereits in Anlage 14 der HOAI benannten Besonderen Leistungen Tragwerksplanung, um sie dann um weitere Beispiele zu erweitern.

Die Besonderen Leistungen können auch für Leistungsbilder und Leistungsphasen, denen sie nicht zugeordnet sind, vereinbart werden, soweit sie dort keine Grundleistungen darstellen (§ 3 Abs. 2 HOAI). Die in diesem Heft benannten Besonderen Leistungen werden daher nicht in jeder Leistungsphase erneut benannt, sondern in der Leistungsphase, in welcher sie zuerst oder meist anfallen. Sie sind aber auch in anderen Leistungsphasen anwendbar.

5. Bauen im Bestand

5.1 Vergütung Bauen im Bestand

Bei Leistungen des Bauens im Bestand sind die Herstellkosten aus dem Neubau (§ 4 Abs. 1 HOAI) und aus der mitzuverarbeitenden Bausubstanz (§ 4 Abs. 3 HOAI) des Bestandes zu berücksichtigen.

Zur Honorartabelle des § 52 HOAI kann *für Umbauten und Modernisierungen ... bei einem durchschnittlichen Schwierigkeitsgrad ein Zuschlag ... bis zu 50 % schriftlich vereinbart werden* (§ 52 Abs. 4 HOAI). *Umbauten sind Umgestaltungen eines vorhandenen Objekts mit wesentlichen Eingriffen in Konstruktion oder Bestand.* (§ 2 Abs. 5 HOAI) *Modernisierungen sind bauliche Maßnahmen zur nachhaltigen Erhöhung des Gebrauchswertes eines Objekts* (§ 2 Abs. 6 HOAI), soweit dies nicht Erweiterungsbauten, Umbauten oder Instandsetzungen sind. Wichtig für die Anwendung dieser Anforderungen an die Tragwerksplanung ist, dass unter Objekt das Tragwerk zu verstehen ist. Für die Berücksichtigung des Zuschlages ist somit die Anforderung des wesentlichen Eingriffes bei Umbauten bzw. der erforderlichen baulichen Maßnahmen bei Modernisierungen in das Tragwerk zu erfüllen.

Für die Herleitung und Bewertung dieser Vergütung wird auf das Grüne Heft Nr. 1 des AHO „HOAI – Planen und Bauen im Bestand" verwiesen.

5.2 Leistungsbild Bauen im Bestand

Das Leistungsbild zum Bauen im Bestand wird in der HOAI nicht verändert gegenüber dem Bauen eines Neubaus beschrieben, sondern es gibt nur ein Leistungsbild. Folglich sind unverändert die Leistungen Grundleistungen, welche in der HOAI für Neubauten als Grundleistungen benannt sind.

Für das Tragwerk des Bestandes ist durch den Auftraggeber die Statik und die tragwerksplanerische Ausbildung des Bestandes für eine neue planerische Bearbeitung zur Verfügung zu stellen. Unter Verwendung dieser Unterlagen ist der Bestand zu bearbeiten.

Liegen für den Bestand keine Bestandsunterlagen vor, so ist eine notwendige Bestandsaufnahme oder eine Rekonstruktion der fehlenden statischen Berechnung zum Bestand eine Besondere Leistung (vgl. Anlage 13, Lph 2, Besondere Leistungen: Erstellen von Leitungsbestandsplänen HOAI, in Verbindung mit § 3 Abs. 2 HOAI). Danach zählt das Erstellen von Bestandsplänen nicht zu den Grundleistungen bei einer Beauftragung für einen Erweiterungsbau, einen Umbau oder eine Modernisierung eines Objektes. Die angeführte Besondere Leistung aus dem Leistungsbild des Teil 3 Ingenieurbauwerke ist nach § 3 Abs. 2 gleichartig auch auf das Leistungsbild Teil 4 Tragwerksplanung anzuwenden.

Innerhalb des Leistungsbildes sind beim Bauen im Bestand manchmal Grundleistungen nicht erforderlich. Ein offensichtliches Beispiel ist, dass für eine bestehende Massivkonstruktion im Bestand keine Bewehrungspläne mehr zu erstellen sind. Der Entfall dieser Leistung ist bei der Ermittlung der Vergütung nach Heft Nr. 1 des AHO (siehe dort Ziffer 4.1) bereits berücksichtigt, indem die anrechenbaren Kosten um einen Leistungsfaktor korrigiert werden. Daher ist zu beachten, dass bei dem verbleibenden Leistungsbild für das Bauen im Bestand, analog zum Neubau, nur Grundleistungen Gegenstand der Ermittlung der Grundvergütung nach HOAI und dem Heft Nr. 1 des AHO sind, welche im Allgemeinen erforderlich sind, um einen Auftrag ordnungsgemäß zu erbringen (§ 3 Abs. 1 HOAI). Bei einem Tragwerk aus Bestand und Neubau sind für den Bestand Bewehrungspläne keine entfallende Grundleistung und für den Neubau Bewehrungspläne geschuldete Grundleistung, sofern es sich um einen Massivbau handelt, und werden über das Honorar der vollständigen Lph 5 vergütet.

5.3 Objekt Tragwerk Bauen im Bestand

Bei Maßnahmen im Bestand wird die Aufgabenstellung häufig so definiert, dass in einem ersten Schritt untersucht werden soll, ob der Bestand zum Erfüllen der Aufgabe geeignet ist, oder ob die Bauaufgabe einen (teilweisen) Neubau bedingt.

Wie oben in Teil C unter „1. Begriff des Tragwerkes als Objekt" erläutert, handelt es sich dann um eine Planung für Objekte nach verschiedenen Anforderungen des Teil 3 Objektplanung der HOAI.

Die Entscheidung, in welcher Form die Bauaufgabe erfüllt werden soll, ob als Neubau, als Erweiterungsbau, als Umbauten oder als Modernisierung, ist vorab im Rahmen einer Bedarfsplanung zu bewerten. Falls eine größere Tiefe der Bewertung erforderlich ist, sind für die zu bewertende Form der Bauaufgabe eigene Objekte Tragwerk zu beauftragen. Diese Beauftragung ist meist nur für Leistungsphasen oder Anteile dieser erforderlich, um die Entscheidung zu treffen.

5.4 Beispiele zum Bauen im Bestand

Bedingt durch den Empfängerkreis der gesamten Anwendung der HOAI wurden im Grünen Heft Nr. 1 des AHO „HOAI – Planen und Bauen im Bestand" die Beispiele für den Teil 4 Tragwerksplanung auf grundsätzliche Beispiele begrenzt.

Die Erfahrung zeigt, dass es für die Tragwerksplanung spezielle Themen bzw. den Bedarf einer erweiterten beispielhaften Erläuterung gibt. Dies soll anhand der folgenden Beispiele geschehen.

Hinweise zu den Kosten:

Die verwendeten Herstellkosten bei den Beispielen für Ingenieurbauwerke sind bewusst nicht fallbezogen ermittelt, sondern es werden gleiche Werte der Kosten verwendet, um durch den Vergleich der Ergebnisse die unterschiedliche Auswirkung in den Maßnahmen auf die Vergütung zu zeigen. Für die Herstellkosten der Hochbauten werden übliche Werte verwendet.

Anrechenbare Kosten sind Teil der Kosten für die Herstellung, den Umbau, die Modernisierung, Instandhaltung oder Instandsetzung von Objekten sowie für die damit zusammenhängenden Aufwendungen (§ 4 Abs. 1 HOAI). *Bei Bauprojekten im Bestand sollten die Kosten nach Abbruch-, Instandsetzungs- und Neubaumaßnahmen unterschieden werden* (DIN 276-1:2008-12 Ziffer 3.3.5). *Der Wert vorhandener Bausubstanz und wiederverwendeter Teile ist bei den betreffenden Kostengruppen gesondert auszuweisen* (DIN 276-1: 2008-12 Ziffer 3.3.6).

Die Kosten aus Abbruchmaßnahmen vorhandener Bauwerke, Ver- und Entsorgungsleitungen sind Gegenstand der Kostengruppe 200 Herrichten und Erschließen. Diese Kosten sind nicht anrechenbar, soweit hierfür keine Leistungen erbracht werden.

Die Kosten für die Herstellung, den Umbau, die Modernisierung, Instandsetzung oder Instandhaltung sind Kosten, welche durch Bauleistungen auf der Grundlage der Planung bestimmt werden und vollständig in der prozentualen Bewertung des § 50 HOAI anrechenbar. Diese Kosten enthalten auch Abbruch- und Demontageleistungen für wiederverwendbare Teile (KG 394) bzw. Materialentsorgung (KG 396) und provisorische Baukonstruktionen (KG 398).

Der Wert der vorhandenen Bausubstanz und wiederverwendeter Teile wird mit den Herstellungskosten für deren neue Errichtung zum Zeitpunkt der Kostenermittlung ermittelt (DIN 276-1: 2008-12 Ziffer 3.3.6 in Verbindung mit Ziffer 3.3.10). Diese Herstellkosten sind rechnerisch ermittelte Baukosten zum Zeitpunkt der Planung als Grundlage für die Honorarermittlung. Da die bestehenden Bauteile in den meisten Fällen einem Verschleiß unterliegen, sind diese Bauteile wieder in den bestimmungsgemäßen Zustand zu versetzen (Instandsetzung, Umbau, Modernisierung, Instandhaltung).

Der Wert der mitzuverarbeitenden Bausubstanz ist gleichfalls vollständig in der prozentualen Bewertung des § 50 HOAI anrechenbar. Der Wert wird jedoch mittels eines Zustandsfaktors abgemindert, um anteilige Neubaukosten für die Instandsetzung des Bestandes zu berücksichtigen und Herstellkosten der Vergütung nicht doppelt zugrunde zu legen. Der Zustandsfaktor wird meist zwischen 0,7 bis 1,0 betragen. Der untere Wert bestimmt sich durch den Aufwand einer Instandsetzung, welche bei einem geringen Wert unwirtschaftlich ist. Der obere Wert bedeutet, dass der Bestand ohne Instandsetzungsleistungen verwendbar ist. Das Alter einer Konstruktion oder die Zeitdauer ihrer weiteren Nutzung ist nicht zu berücksichtigen, denn durch die Instandsetzung ist eine dauerhafte Nutzung wieder gewährleistet, gleichgültig wie lange das Tragwerk diese Nutzung zu erfüllen hat.

In der Summe ergeben sich aus Neubaukosten und Bestandswert mit deren Abminderung durch den Zustandsfaktor anrechenbare Kosten, welche der Honorarermittlung dienen.

Bei einer Beauftragung in den Lph 1 bis 6 mit allen Grundleistungen sind diese Kosten mit einem Zustandsfaktor zwischen 0,7 bis 1,0 und einem Leistungsfaktor von 0,74 für alle Leistungsphasen der Tragwerksplanung zu multiplizieren. Unter Bezug auf Heft Nr. 1 des AHO, Kap. 2.7, wird empfohlen, die beiden Faktoren zusammenzufassen und, soweit nicht gesondert bewertbar, den mittleren Zustandsfaktor zu verwenden. Damit ermittelt sich ein Abminderungsfaktor für die vorhandene Bausubstanz von (0,85 x 0,74) = 0,63. Dieser Abminderungsfaktor wird in allen folgenden Beispielen verwendet.

In der Summe können die anrechenbaren Kosten für Bauen im Bestand höher sein als die Kosten eines Neubaus für den gleichen Zweck. Soweit die Planungskosten prozentual mit den Herstellkosten der erforderlichen Bauleistungen verglichen werden, ist das Ergebnis ein deutlich höherer Prozentsatz der Planungskosten, bezogen auf die bei der Maßnahme erforderlichen Bauleistungen. Da das Bestandsobjekt häufig Eigenschaften hat, welche einen solchen Mehraufwand rechtfertigen (Bestandsschutz, historische und gestalterische Werte, kontinuierliche Weiternutzung, Nachhaltigkeit etc.), wird die andauernde Nutzbarkeit dieser Eigenschaften den Mehraufwand begründen.

Für die Vergütung der Planung werden damit Prozentsätze der Planung ermittelt, welche deutlich über den Prozentsätzen der Planung einer reinen Neubaumaßnahme in Relation zu den neu durchzuführenden Herstellkosten der Maßnahme liegen. Diese sind bereits in der Bedarfsplanung zu berücksichtigen. Bei der Bewertung der Gesamtwirtschaftlichkeit von Maßnahmen im Bestand ist immer die Aktivierung des Bestandes zu berücksichtigen, welcher neu verfügbar wird, ohne erneut errichtet werden zu müssen. Daher fordert auch die DIN 276-1: 2008-12, Ziffer 3.3.6, die gesonderte Ausweisung der Kosten des Bestandes.

Beispiel 1: Verbreiterung eines bestehenden Brückenbauwerks

Beschreibung der Maßnahme:

Der Bestand von ca. 1970 ist um einen Fahrstreifen inkl. Herstellung von neuen Unterbauten und Gründungselementen zu erweitern. Der neue Überbauteil wird monolithisch mit dem vorhandenen Überbau verbunden. Die Unterbauten werden nicht verbreitert, sondern getrennt hergestellt. Allerdings kann es durch die Herstellung der neuen Gründung zu einer Beeinflussung der vorhandenen Substanz kommen. Der gesamte bestehende Überbau ist schon gemäß Nachrechnungsrichtlinie im Vorfeld nachgerechnet worden.

Für die Verbreiterung muss der Endzustand nachgewiesen werden. Der Anschluss der Verbreiterung an den Bestandsüberbau ist zu planen. Die Unterbauten und Gründungselemente sind so zu konzipieren, dass es zu keiner Beeinträchtigung der Standsicherheit und Gebrauchstauglichkeit der Bestandsunterbauten kommt.

Ermittlung der anrechenbaren Kosten und erforderlichen Leistungen:

Der Bestand ist im Überbau mitzuverarbeitende Bausubstanz, da er mit dem neuen Überbau eine Einheit bildet und dazu in Gänze technisch zu bearbeiten ist. Nicht Gegenstand der Erweiterung sind die Widerlager und die Gründung des Bestandes. Die Anlagen der Technischen Ausrüstung im Bereich der Widerlager und Gründung bleiben unverändert und bilden daher keine anrechenbaren Kosten – solange sich bei der Planung die angenommene fehlende Beeinflussung bestätigt. Sollte sich dies in der Planung nicht bestätigen, werden auch diese Bauteile anrechenbare Kosten und sind die geschuldete Leistung und deren Honorierung anzupassen. Als Wert für diesen Bestand des Überbaus sind vergleichbare Kosten mit den Errichtungskosten zum Zeitpunkt der Kostenberechnung eines aktuell errichteten Überbaus gleicher Belastung und Spannweite in heutiger Ausführung zu verwenden (§ 4 Abs. 3 HOAI und Heft Nr. 1 des AHO).

Bei einer Beauftragung in den Lph 1 bis 6 mit allen Grundleistungen sind diese Kosten mit einem Zustandsfaktor zwischen 0,7 bis 1,0 und einem Leistungsfaktor von 0,74 für alle Leistungsphasen zu multiplizieren. Unter Bezug auf Heft Nr. 1 AHO, Kap. 2.7, wird empfohlen, die beiden Faktoren zusammenzufassen und den mittleren Zustandsfaktor zu verwenden. Damit ermittelt sich ein Abminderungsfaktor für die vorhandene mitzuverarbeitende Bausubstanz von (0,85 x 0,74) = 0,63.

Die anrechenbaren Kosten ermitteln sich damit zu:

Neubaukosten (aus Verbreiterung einschließlich der eigenen Gründung):

KG 300: 2.000.000 € (vorläufig aus Kostenrahmen)

KG 400: 200.000 € (vorläufig aus Kostenrahmen)

Wert des Bestandes:

KG 300: 1.500 m^2 x 1.500 €/m^2 = 2.250.000 € (Vergleichswert aus Neubaubrücke heutiger Konstruktion für die KG 300 gesamt)

KG 400: 1.500 m^2 x 100 €/m^2 = 150.000 € (Vergleichswert aus Neubaubrücke heutiger Konstruktion für die KG 400 gesamt)

Anrechenbare Kosten Tragwerksplanung:

2.000.000 € x 90 % (KG 300 Neubau) + 200.000 € x 15 % (KG 400 Neubau) + 2.250.000 € x 90 % x 0,63 (Wert KG 300 Bestand) + 150.000 x 15 % x 0,63 (Wert KG 400 Bestand) = 3.119.925 €

Erforderliche Grundleistungen:

Für den Neubau und damit auch für den mitzuverarbeitenden Bestand werden alle Grundleistungen der Lph 1 bis 6 benötigt.

Nach Anlage 14, Ziffer 14.2 wird das Objekt Tragwerk in die Honorarzone eingestuft: Annahme HZ III Mitte

Bei der Maßnahme handelt es sich um einen Umbau des Bestandes („wesentlicher Eingriff in Konstruktion oder Bestand", § 2 Abs. 5 HOAI), da es sich um eine monolithische Konstruktion handelt und in diese eingegriffen wird.

Daher ist ein Umbau- /Modernisierungszuschlag anzusetzen (§ 52 Abs. 4 HOAI). Dieser wird mit 38 % bewertet (vgl. Heft Nr. 1 AHO, Kap. 10.7):

Tabelle für das Leistungsbild Tragwerksplanung

Bestimmung des Zuschlags auf das Honorar aufgrund des Mehraufwands bei Umbauten oder Modernisierungen bei der **Tragwerksplanung nach § 52 Abs. 4 im Teil 4 Abschnitt 1 HOAI**

Die Prozentzahlen in dieser Tabelle beziehen sich auf eine Zuschlagshöhe bis 50 %, die für Leistungen bei der Tragwerksplanung gemäß § 52 Absatz 2 im Abschnitt 4 Teil 1 HOAI bei durchschnittlichem Schwierigkeitsgrad gilt.

			Mehraufwand gegenüber Neubauten					
Kategorie	**Gewichtung**	Voraussetzung der Bewertung ist, dass gültige statische Bestandsunterlagen geprüft vorliegen **Kriterien**	**kein**	**wenig**	**üblich**	**viel**	**sehr viel**	**vereinbart**
Funktion	**10**		0	4	7	10	> 10	**10,00%**
		Wie zum Beispiel: Bestandsschutz; Integration; Nutzung; Berücksichtigung von Bestandsforderungen; Klärung anzuwendender Berechnungsvorschriften, historische Materialien, historische Vorschriften; Beratung zu notwendigen Genehmigungsverfahren; Integration neuer Bauteile in bestehende Konstruktionen; Änderung der Nutzung						
Konstruktion	**12**		0	4,8	8,4	12	> 12	**12,00%**
		Wie zum Beispiel: Rückbau; Ergänzung/Verstärkung; Mitwirkung bei kontrollierter Demontage an oder von tragenden Teilen, - von Materialuntersuchungen; Einbau/Verstärkung und Zusammenwirken konstruktiver Bauteile; Konstruktion unter geometrischen Zwängen entwickeln						
Berechnung/ Gestaltung	**12**		0	4,8	8,4	12	> 12	**8,40%**
		Wie zum Beispiel: Material; Bauteile/Elemente; Gestaltung; Ausbildung des Tragwerks nicht nur unter konstruktiven Gesichtspunkten; Integration neuer Bauteile in das bestehende Objekt; Überprüfung der Belastungen im Bestand; Anpassen und Nachweise konstruktiver Bauteile an gültige Vorschriften						
Gebäudetechnik /Ausbau	**4**		0	1,6	2,8	4	> 4	**2,80%**
		Wie zum Beispiel: Installation; Fassaden; Trennwände; Einwirkungen aus der technischen Ausrüstung auf das Tragwerk, insbesondere Lasten und Geometrie; Differenzierte Darstellung; Anforderungen infolge Ausbau						
Planungsablauf	**12**		0	4,8	8,4	12	> 12	**4,80%**
		Wie zum Beispiel: Planungszeit und -ablauf; Kosten; Haftung; Diskontinuierlicher Planungsablauf durch Terminbindung und mögliche Unterbrechungen; Mitwirken bei der Kostensicherheit; Erhöhtes Haftungsrisiko auch für bestehende und integrierte Substanz						
Umbauzuschlag	**50**		0	20	35	50	> 50	**38,00%**
Summe der Wichtung	**50**	Maximale Zuschlagshöhe in Honorarzone I, II und III: 50,00 % Zuschlagshöhe in Honorarzone IV und V nach oben offen						

Vereinbarter Zuschlag **38,00%**

Honorarzonen	
I, II, und III	**IV** und **V**
◄ Zuschlag auf maximal 50 % begrenzt ►	◄ Zuschlag nicht begrenzt ►

Besondere Leistungen:

Da vom AG alle Bestandsunterlagen und eine statische Berechnung des Bestandes zur Verfügung gestellt werden können, sind keine Besonderen Leistungen im Tragwerk zum heutigen Zeitpunkt erkennbar.

Honorar für Grundleistungen:

HZ III Mitte; AK 3.119.925 €; Honorartafel zu § 52 HOAI: 210.882 € x 1,38 (Zuschlag) = **291.017 €**

Beispiel 2: „Sanierung“, Instandsetzung und Umbau einer Bestandsbrücke ohne statische Ertüchtigung

Beschreibung der Maßnahme:

Eine bestehende Brücke von ca. 1910, vier Betonbögen mit Pfeilern und Stampfbetonaufbau über den Pfeilern, ist in einem teilweise schlechten Zustand. Im Ergebnis sind die Fahrbahnen inkl. der Stampfbetonbereiche zu erneuern. Die Brüstungen sind denkmalpflegerisch begleitet zu erneuern. Die Entwässerung wird vollständig erneuert. Die Bögen sind von der Unterseite mit Bewehrungsdetektion zu untersuchen. Es sind zahlreiche Materialproben zu entnehmen. Es sind umfangreiche Betoninstandsetzungen erforderlich. Die Brücke muss komplett für Ist- und Sollzustand inkl. der Bauphasen nachgerechnet werden. Durch die sehr detaillierte Nachrechnung kann voraussichtlich ein Abbruch und Neubau der Brücke vermieden werden.

Ermittlung der anrechenbaren Kosten und erforderlichen Leistungen:

Der verbleibende Bestand ist in all seinen Bestandteilen mitzuverarbeitende Bausubstanz, da diese in Gänze technisch zu bearbeiten sind. Als Wert für diesen Bestand des Überbaus sind vergleichbare Kosten mit den Errichtungskosten zum Zeitpunkt der Kostenberechnung eines aktuell errichteten Überbaus gleicher Belastung und Spannweite zu verwenden (§ 4 Abs. 3 HOAI und Heft Nr. 1 des AHO) in heutiger Ausführung.

Bei einer Beauftragung in den Lph 1 bis 6 mit allen Grundleistungen sind diese Werte mit einem Zustandsfaktor und einem Leistungsfaktor für alle Leistungsphasen zu multiplizieren. Damit ermittelt sich ein Abminderungsfaktor im Leistungsbild Tragwerksplanung für die vorhandene mitzuverarbeitende Bausubstanz von 0,63.

Die anrechenbaren Kosten ermitteln sich damit zu:

Neubaukosten:

KG 300: 1.500 m² x ca. 1.000 €/m² = 1.500.000 € (vorläufig aus Kostenrahmen für neuen Fahrbahn, Stampfbetonbereichen und ergänzender Bewehrung):

KG 400: 200.000 € (vorläufig aus Kostenrahmen)

Wert des Bestandes:

KG 300: 1.500 m² x 1.500 €/m² x ca. 70 % (Zustandsfaktor wegen erheblichem Sanierungsbedarf) = 1.575.000 € (Vergleichswert aus Neubaubrücke heutiger Konstruktion für die KG 300 des verbleibenden Tragwerkes allein)

Hinweis: Die Summe der Neubaukosten und des Bestandswertes kann einen höheren Betrag ergeben als ein vollständiger Neubau kosten würde und ist nicht auf einen solchen Wert begrenzt.

Anrechenbare Kosten Tragwerksplanung:

1.500.000 € x 90 % (KG 300 Neubau) + 200.000 € x 15 % (KG 400 Neubau) + 1.575.000 € x 90 % x 0,63 (Wert KG 300 Bestand) = 2.273.025 €

Erforderliche Grundleistungen:

Für den Neubau und damit auch für den mitzuverarbeitenden Bestand (anteilig entsprechend des Leistungsfaktors) werden alle Grundleistungen der Lph 1 bis 6 benötigt.

Nach Anlage 14, Ziffer 14.2 wird das Objekt Tragwerk in die Honorarzone eingestuft: Annahme HZ III Mitte

Bei der Maßnahme wird wesentlich in die Konstruktion des Bestandes eingegriffen. Daher ist ein Umbau-/Modernisierungszuschlag anzusetzen (§ 52 Abs. 4 HOAI). Dieser wird mit 36,8 % bewertet (vgl. Heft Nr. 1 AHO, Kap. 10.7):

Tabelle für das Leistungsbild Tragwerksplanung

Bestimmung des Zuschlags auf das Honorar aufgrund des Mehraufwands bei Umbauten oder Modernisierungen bei der **Tragwerksplanung nach § 52 Abs. 4 im Teil 4 Abschnitt 1 HOAI**

Die Prozentzahlen in dieser Tabelle beziehen sich auf eine Zuschlagshöhe bis 50 %, die für Leistungen bei der Tragwerksplanung gemäß § 52 Absatz 2 im Abschnitt 4 Teil 1 HOAI bei durchschnittlichem Schwierigkeitsgrad gilt.

			Mehraufwand gegenüber Neubauten					
Kategorie	**Gewichtung**	Voraussetzung der Bewertung ist, dass gültige statische Bestandsunterlagen geprüft vorliegen **Kriterien**	**kein**	**wenig**	**üblich**	**viel**	**sehr viel**	**vereinbart**
Funktion	**10**		0	4	7	10	> 10	**10,00%**
		Wie zum Beispiel: Bestandsschutz; Integration; Nutzung; Berücksichtigung von Bestandsforderungen; Klärung anzuwendender Berechnungsvorschriften, historische Materialien, historische Vorschriften; Beratung zu notwendigen Genehmigungsverfahren; Integration neuer Bauteile in bestehende Konstruktionen; Änderung der Nutzung						
Konstruktion	**12**		0	4,8	8,4	12	> 12	**12,00%**
		Wie zum Beispiel: Rückbau; Ergänzung/Verstärkung; Mitwirkung bei kontrollierter Demontage an oder von tragenden Teilen, - von Materialuntersuchungen; Einbau/Verstärkung und Zusammenwirken konstruktiver Bauteile; Konstruktion unter geometrischen Zwängen entwickeln						
Berechnung/ Gestaltung	**12**		0	4,8	8,4	12	> 12	**12,00%**
		Wie zum Beispiel: Material; Bauteile/Elemente; Gestaltung; Ausbildung des Tragwerks nicht nur unter konstruktiven Gesichtspunkten; Integration neuer Bauteile in das bestehende Objekt; Überprüfung der Belastungen im Bestand; Anpassen und Nachweise konstruktiver Bauteile an gültige Vorschriften						
Gebäudetechnik /Ausbau	**4**		0	1,6	2,8	4	> 4	**2,80%**
		Wie zum Beispiel: Installation; Fassaden; Trennwände; Einwirkungen aus der technischen Ausrüstung auf das Tragwerk, insbesondere Lasten und Geometrie; Differenzierte Darstellung; Anforderungen infolge Ausbau						
Planungsablauf	**12**		0	4,8	8,4	12	> 12	**0,00%**
		Wie zum Beispiel: Planungszeit und -ablauf; Kosten; Haftung; Diskontinuierlicher Planungsablauf durch Terminbindung und mögliche Unterbrechungen; Mitwirken bei der Kostensicherheit; Erhöhtes Haftungsrisiko auch für bestehende und integrierte Substanz						
Umbauzuschlag	**50**		0	20	35	50	> 50	**36,80%**
Summe der Wichtung	**50**	Maximale Zuschlagshöhe in Honorarzone I, II und III: 50,00 % Zuschlagshöhe in Honorarzone IV und V nach oben offen						

Vereinbarter Zuschlag **36,80%**

Honorarzonen	
I, II, und III	**IV und V**
◄ Zuschlag auf maximal 50 % begrenzt ►	◄ Zuschlag nicht begrenzt ►

Grundleistungen zum Bestand (vor den Planungsleistungen der Instandsetzung und des Umbaus):

Da vom AG Bestandspläne des Objektes Brücke, aber keine statische Berechnung des Bestandes zur Verfügung gestellt werden kann (Baujahr 1910), ist als Grundleistung für das Tragwerk des Bestandes das Berechnen des Tragwerkes nach den ursprünglichen Vorschriften vorzunehmen, um eine Grundlage für die Planungsleistungen der Instandsetzung und des Umbaus zu erhalten. Diese ist als Leistungserbringung einer Lph 4 für das ursprünglich errichtete Objekt mit dessen Herstellkosten vor dem Umbau, Modernisierung jedoch ohne Umbau-/ Modernisierungszuschlag zu vergüten.

Hinweis: Der Sammelbegriff „Sanierung" ist in der HOAI nicht definiert, sondern den Definitionen Umbauten bzw. Modernisierungen nach § 2 Abs. 5 und 6 HOAI zuzuordnen.

AK 2.055.000 €; Honorar = **45.645 €**

(aus: HZ III Mitte; KG 300: 1.500 m^2 x 1.500 €/m^2 = 2.250.000 €; KG 400: 1.500 m^2 x 100 €/m^2 = 150.000 €; AK = 2.250.000 € x 0,90 + 150.000 € x 0,15 = 2.055.000 €; Honorartafel zu § 52 HOAI, Lph 4: 30 %; Honorar Nachrechnung Bestand 152.151 x 0,30 = 45.645 €)

Besondere Leistungen:

Das Erfassen von Bauzuständen, in denen das statische System von dem des Endzustandes abweicht, ist nach Ziffer 4.5.1 dieses Heftes zwischen 6 bis 20 v.H. zu bewerten. Da es sich hier um eine mittlere Honorarzone und wenige Bauzustände handelt, ist die Leistung im mittleren Bereich der benannten Spanne anzusiedeln, d.h. mit 13 v.H.

AK 2.273.025 €; Honorar = **29.439 €**

(aus: HZ III Mitte; AK = 2.273.025 €; Umbau-/Modernisierungszuschlag 36,8 %; Honorartafel zu § 52 HOAI, Besondere Leistung: 13 v.H; Honorar Erfassen von Bauzuständen 165.538 x 1,368 (Umbau-/Modernisierungszuschlag) x 13 v.H. = 29.439 €)

Honorar für Grundleistungen:

HZ III Mitte; AK 1.733.025 €; Honorartafel zu § 52 HOAI: 165.538 € x 1,368 (Umbau-/Modernisierungszuschlag) = **226.456 €**

Beispiel 3: „Sanierung" und Modernisierung einer Bestandsbrücke mit statischer Ertüchtigung

Beschreibung der Maßnahme:

Eine Stahlbogenbrücke (um 1900) über einen Kanal steht unter Denkmalschutz. Deshalb soll der Überbau so verstärkt und umgebaut werden, dass er den heutigen Anforderungen genügt. Die Holzfahrbahn wird hierzu neu erstellt und die Fahrbahnlängsträger aus Stahl werden neu dimensioniert und neu errichtet. Die Unterbauten müssen modernisiert werden. Die Widerlagen werden erneuert.

Hierfür wird der Stahlüberbau mittels eines Pontons ausgeschwommen und umgebaut und instandgesetzt (kleinere Stahlbauumbauten zur Verbesserung der Dauerhaftigkeit, Vollerneuerung des Korrosionsschutzes). Nach Fertigstellung der neuen Unterbauten wird der Überbau wieder eingelagert, d.h. auf die Lager gehoben. Es findet nur eine Veränderung am Überbau statt und nicht am Bogen.

Der Überbau muss gemäß Nachrechnungsrichtlinie nachgerechnet werden.

Ermittlung der anrechenbaren Kosten und erforderlichen Leistungen:

Der verbleibende Bestand ist in all seinen Bestandteilen mitzuverarbeitende Bausubstanz. Als Wert für diesen Bestand der Stahlbogenbrücke sind vergleichbare Kosten mit den Errichtungskosten zum Zeitpunkt der Kostenberechnung einer aktuell errichteten Stahlbogenbrücke gleicher Belastung und Spannweite zu verwenden (§ 4 Abs. 3 HOAI und Heft Nr. 1 des AHO) in heutiger üblicher Ausführung.

Bei einer Beauftragung in den Lph 1 bis 6 mit allen Grundleistungen ist der Wert der mitzuverarbeitenden Bausubstanz mit einem Zustandsfaktor und einem Leistungsfaktor für alle Leistungsphasen zu multiplizieren. Damit ermittelt sich ein Abminderungsfaktor im Leistungsbild Tragwerksplanung für die vorhandene Bausubstanz von 0,63.

Die anrechenbaren Kosten ermitteln sich damit zu:

Neubaukosten (aus neuem Unterbau, neuem Belag, ergänzendem Stahlbau, Entwässerung, Bauhilfsmaßnahme wie Ausschwimmen, Zwischenlagern):

KG 300: 1.500 m^2 x ca. 1.000 €/m^2 = 1.500.000 € (vorläufig aus Kostenrahmen)

KG 400: 200.000 € (vorläufig aus Kostenrahmen)

Wert des Bestandes:

KG 300: 1.500 m^2 x 450 €/m^2 = 675.000 € (Vergleichswert aus Neubaubrücke heutiger Konstruktion für die KG 300 des verbleibenden Tragwerkes allein)

Hinweis: Die Summe der Neubaukosten und des Bestandswertes kann einen höheren Betrag ergeben als ein vollständiger Neubau kosten würde.

Anrechenbare Kosten Tragwerksplanung:

1.500.000 € x 90 % (KG 300 Neubau) + 200.000 € x 15 % (KG 400 Neubau) + 675.000 € x 90 % x 0,63 (KG 300 Bestand) = 1.762.725 €

Erforderliche Grundleistungen:

Für den Neubau und damit auch für den mitzuverarbeitenden Bestand (anteilig entsprechend des Leistungsfaktors) werden alle Grundleistungen der Lph 1 bis 6 benötigt.

Nach Anlage 14, Ziffer 14.2 wird das Objekt Tragwerk in die Honorarzone eingestuft: Annahme HZ III Mitte

Bei der Maßnahme wird wesentlich in die Konstruktion des Bestandes eingegriffen und die Konstruktion wird mit entstehenden Baukosten umgebaut. Daher ist ein Umbau-/Modernisierungszuschlag anzusetzen (§ 52 Abs. 4 HOAI). Dieser wird mit 33,8 % bewertet (vgl. Heft Nr. 1 AHO, Kap. 10.7).

Tabelle für das Leistungsbild Tragwerksplanung

Bestimmung des Zuschlags auf das Honorar aufgrund des Mehraufwands bei Umbauten oder Modernisierungen bei der
Tragwerksplanung nach § 52 Abs. 4 im Teil 4 Abschnitt 1 HOAI

Die Prozentzahlen in dieser Tabelle beziehen sich auf eine Zuschlagshöhe bis 50 %, die für Leistungen bei der Tragwerksplanung gemäß § 52 Absatz 2 im Abschnitt 4 Teil 1 HOAI bei durchschnittlichem Schwierigkeitsgrad gilt.

			Mehraufwand gegenüber Neubauten					
Kategorie	**Gewichtung**	Voraussetzung der Bewertung ist, dass gültige statische Bestandsunterlagen geprüft vorliegen **Kriterien**	**kein**	**wenig**	**üblich**	**viel**	**sehr viel**	**vereinbart**
Funktion	**10**		0	4	7	10	> 10	**7,00%**
		Wie zum Beispiel: Bestandsschutz; Integration; Nutzung; Berücksichtigung von Bestandsforderungen; Klärung anzuwendender Berechnungsvorschriften, historische Materialien, historische Vorschriften; Beratung zu notwendigen Genehmigungsverfahren; Integration neuer Bauteile in bestehende Konstruktionen; Änderung der Nutzung						
Konstruktion	**12**		0	4,8	8,4	12	> 12	**8,40%**
		Wie zum Beispiel: Rückbau; Ergänzung/Verstärkung; Mitwirkung bei kontrollierter Demontage an oder von tragenden Teilen, von Materialuntersuchungen; Einbau/Verstärkung und Zusammenwirken konstruktiver Bauteile; Konstruktion unter geometrischen Zwängen entwickeln						
Berechnung/ Gestaltung	**12**		0	4,8	8,4	12	> 12	**8,40%**
		Wie zum Beispiel: Material; Bauteile/Elemente; Gestaltung; Ausbildung des Tragwerks nicht nur unter konstruktiven Gesichtspuntken; Integration neuer Bauteile in das bestehende Objekt; Überprüfung der Belastungen im Bestand; Anpassen und Nachweise konstruktiver Bauteile an gültige Vorschriften						
Gebäudetechnik /Ausbau	**4**		0	1,6	2,8	4	> 4	**1,60%**
		Wie zum Beispiel: Installation; Fassaden; Trennwände; Einwirkungen aus der technischen Ausrüstung auf das Tragwerk, insbesondere Lasten und Geometrie; Differenzierte Darstellung; Anforderungen infolge Ausbau						
Planungsablauf	**12**		0	4,8	8,4	12	> 12	**8,40%**
		Wie zum Beispiel: Planungszeit und -ablauf; Kosten; Haftung; Diskontinuierlicher Planungsablauf durch Terminbindung und mögliche Unterbrechungen; Mitwirken bei der Kostensicherheit; Erhöhtes Haftungsrisiko auch für bestehende und integrierte Substanz						
Umbauzuschlag	**50**		0	20	35	50	> 50	**33,80%**
Summe der Wichtung	**50**	Maximale Zuschlagshöhe in Honorarzone I, II und III: 50,00 % Zuschlagshöhe in Honorarzone IV und V nach oben offen						

Vereinbarter Zuschlag **33,80%**

Honorarzonen	
I, II, und III	**IV** und **V**
◄ Zuschlag auf maximal 50 % begrenzt ►	◄ Zuschlag nicht begrenzt ►

Mehrfach zu erbringende Grundleistung:

Da vom AG Bestandspläne, aber keine statische Berechnung des Bestandes zur Verfügung gestellt werden können (Baujahr 1900), ist als (erneute) Grundleistung das Berechnen des Tragwerkes nach den ursprünglichen Vorschriften vorzunehmen. Dies ist als Leistungserbringung der Lph 4 für das ursprüngliche Objekt mit dessen Herstellkosten vor dem Umbau, Modernisierung und ohne Umbau-/Modernisierungszuschlag zu vergüten.

Hinweis: Der Sammelbegriff „Sanierung" ist in der HOAI nicht definiert, sondern den Definitionen Umbauten bzw. Modernisierungen nach § 2 Abs. 5 und 6 HOAI zuzuordnen.

Die Berechnung des modernisierten Tragwerkes (dies entspricht den Anforderungen der Nachrechnungsrichtlinie) ist durch die Vergütung der Lph 4 der Grundleistungen erbracht und vergütet.

AK 1.830.000 €; Honorar = **41.651 €**

(aus: HZ III Mitte; KG 300: 1.500 m² x 1.500 €/m² = 2.250.000 €; KG 400: 1.500 m² x 100 €/m² = 150.000 €;

AK = 2.250.000 € x 90 % (KG 300 Neubau Bestand) + 150.000 € x 15 % (KG 400 Neubau Bestand) = 2.055.000 €; Honorartafel zu § 52 HOAI, Lph 4: 30 %;

Honorar Nachrechnung Bestand 152.151 x 30 % = 45.645 €

Honorar für Grundleistungen:

HZ III Mitte; AK 1.762.725 €; Honorartafel zu § 52 HOAI: 135.850 € x 1,338 (Umbau-/Modernisierungszuschlag) = **181.768 €**

Beispiel 4: Nachrechnung einer bestehenden Straßenbrücke aufgrund Nutzungsänderung

Beschreibung der Maßnahme:

Eine bestehende Straßenbrücke wird aufgrund der Nutzungsänderung von BKL 60 auf DIN-FB gemäß Nachrechnungsrichtlinie nachgerechnet. Die gesamte Brücke ist betroffen. Ein Umbau oder eine Modernisierung findet nicht statt. Es entstehen keine Baukosten aus Baumaßnahmen.

Ermittlung der anrechenbaren Kosten und erforderlichen Leistungen:

Der verbleibende Bestand ist in all seinen Bestandteilen mitzuverarbeitende Bausubstanz. Als Wert für diesen Bestand der Straßenbrücke sind vergleichbare Kosten mit den Errichtungskosten zum Zeitpunkt der Kostenberechnung einer aktuell errichteten Straßenbrücke gleicher Belastung und Spannweite zu verwenden (§ 4 Abs. 3 HOAI und Heft Nr. 1 AHO) in heutiger üblicher Ausführung.

Kosten des Bestandes:

KG 300: 1.500 m^2 x 1.500 €/m^2 = 2.250.000 € (Vergleichswert aus Neubaubrücke heutiger Konstruktion für die KG 300 gesamt)

KG 400: 1.500 m^2 x 100 €/m^2 = 150.000 € (Vergleichswert aus Neubaubrücke heutiger Konstruktion für die KG 400 gesamt)

Anrechenbare Kosten Tragwerksplanung:

2.250.000 € x 0,90 x 0,63 (KG 300 Bestand) + 150.000 x 0,15 x 0,63 (KG 400 Bestand) = 1.289.925 €

Erforderliche Grundleistungen:

Für das Nachrechnen ist die Lph 4 für das bestehende Bauwerk neu zu erbringen. (Achtung: damit ist bei der Anwendung der Honorare für Grundleistungen der abweichende Leistungsfaktor der Lph 4 zu den Lph 1 bis 6 im Gesamten zu beachten.)

Nach Anlage 14, Ziffer 14.2 wird das Objekt Tragwerk in die Honorarzone eingestuft: Annahme HZ III Mitte

Bei der Maßnahme handelt es sich nicht um eine Modernisierung des Bestandes durch den Nachweis des Bestandes nach heutigen Vorschriften da der Bestand nicht durch bauliche Maßnahmen im Gebrauchswert erhöht wird (§ 2 Abs. 6 HOAI). Daher ist kein Umbau-/Modernisierungszuschlag zu berücksichtigen (vgl. Ziffer 4.25 dieses Heftes).

Tabelle für das Leistungsbild Tragwerksplanung

Bestimmung des Zuschlags auf das Honorar aufgrund des Mehraufwands bei Umbauten oder Modernisierungen bei der **Tragwerksplanung nach § 52 Abs. 4 im Teil 4 Abschnitt 1 HOAI**

Die Prozentzahlen in dieser Tabelle beziehen sich auf eine Zuschlagshöhe bis 50 %, die für Leistungen bei der Tragwerksplanung gemäß § 52 Absatz 2 im Abschnitt 4 Teil 1 HOAI bei durchschnittlichem Schwierigkeitsgrad gilt.

			Mehraufwand gegenüber Neubauten					
Kategorie	**Gewichtung**	Voraussetzung der Bewertung ist, dass gültige statische Bestandsunterlagen geprüft vorliegen **Kriterien**	**kein**	**wenig**	**üblich**	**viel**	**sehr viel**	**vereinbart**
Funktion	**10**		0	4	7	10	> 10	**12,00%**
		Wie zum Beispiel: Bestandsschutz; Integration; Nutzung; Berücksichtigung von Bestandsforderungen; Klärung anzuwendender Berechnungsvorschriften, historische Materialien, historische Vorschriften; Beratung zu notwendigen Genehmigungsverfahren; Integration neuer Bauteile in bestehende Konstruktionen; Änderung der Nutzung						
Konstruktion	**12**		0	4,8	8,4	12	> 12	**0,00%**
		Wie zum Beispiel: Rückbau; Ergänzung/Verstärkung; Mitwirkung bei kontrollierter Demontage an oder von tragenden Teilen, von Materialuntersuchungen; Einbau/Verstärkung und Zusammenwirken konstruktiver Bauteile; Konstruktion unter geometrischen Zwängen entwickeln						
Berechnung/ Gestaltung	**12**		0	4,8	8,4	12	> 12	**12,00%**
		Wie zum Beispiel: Material; Bauteile/Elemente; Gestaltung; Ausbildung des Tragwerks nicht nur unter konstruktiven Gesichtspuntken; Integration neuer Bauteile in das bestehende Objekt; Überprüfung der Belastungen im Bestand; Anpassen und Nachweise konstruktiver Bauteile an gültige Vorschriften						
Gebäudetechnik /Ausbau	**4**		0	1,6	2,8	4	> 4	**0,00%**
		Wie zum Beispiel: Installation; Fassaden; Trennwände; Einwirkungen aus der technischen Ausrüstung auf das Tragwerk, insbesondere Lasten und Geometrie; Differenzierte Darstellung; Anforderungen infolge Ausbau						
Planungsablauf	**12**		0	4,8	8,4	12	> 12	**0,00%**
		Wie zum Beispiel: Planungszeit und -ablauf; Kosten; Haftung; Diskontinuierlicher Planungsablauf durch Terminbindung und mögliche Unterbrechungen; Mitwirken bei der Kostensicherheit; Erhöhtes Haftungsrisiko auch für bestehende und integrierte Substanz						
Umbauzuschlag	**50**		0	20	35	50	> 50	**24,00%**
Summe der Wichtung	**50**	Maximale Zuschlagshöhe in Honorarzone I, II und III: 50,00 % Zuschlagshöhe in Honorarzone IV und V nach oben offen						

Vereinbarter Zuschlag **24,00%**

Honorarzonen	
I, II, und III	IV und V
◄ Zuschlag auf maximal 50 % begrenzt ►	◄ Zuschlag nicht begrenzt ►

Besondere Leistungen:

Werden vom AG Bestandspläne und eine Bestandsstatik zur Verfügung gestellt, ergibt sich die Besondere Leistung der Sichtung und Auswertung von Bestandsunterlagen gemäß NaRil und Prüfen auf Plausibilität. Diese Leistung kann nur nach Aufwand bewertet werden, da hier der Aufwand wesentlich von den Besonderheiten des Einzelfalles abhängig ist (vgl. Ziffer 4.25.1 dieses Heftes).

Werden vom AG keine Bestandpläne und keine Bestandsstatik zur Verfügung gestellt, erhöht sich der Aufwand um die zur Rekonstruktion dieser Unterlagen erforderlichen Aufwendungen.

Honorare für Grundleistungen:

HZ III Mitte; AK 1.289.925 €; Honorartafel zu § 52 HOAI: **105.614 €**

Die Nachrechnung entspricht einer Lph 4 mit 30 %: 105.614 € x 0,30 = **31.684 €.**

Es wird angenommen, dass der Leistungserbringer zu einem früheren Zeitpunkt mit diesem Bestand oder einer vergleichbaren Brücke vertraut war. Daher wird kein zusätzlicher Koordinierungs- oder Einarbeitungsaufwand angesetzt (§ 8 Abs. 3 HOAI).

Beispiel 5: Umnutzung und Umbau eines Bürogebäudes zum Wohngebäude

Beschreibung der Maßnahme:

Gegenstand der Objektplanung Gebäude ist die Umnutzung und der Umbau eines Bürogebäudes zum Wohngebäude. Die Tragwerksplanung hat die Bestandsbauteile hinsichtlich der veränderten Rahmenbedingungen aus veränderten Lasten, erforderlicher Feuerwiderstandsdauer (die Bemessung der Stützen und Wände muss vor allem wegen der erforderlichen Feuerwiderstandsdauer nachgerechnet werden) und angepasster Aussteifung nachzuweisen (die Aussteifung ist wegen nachträglicher Kernbohrungen schwer in Mitleidenschaft gezogen worden und ist lokal zu ertüchtigen). Durch die neue Ausbausituation gibt es Veränderungen in den Grundrissen (Schächte, Trennwände) und Lasten (Flure, Bodenaufbauten), aber auch der technischen Regelwerke (Normen). Die Decken und Unterzüge und die Gesamtkonstruktion des Bestandes selbst sind ausreichend für die neuen Belastungen dimensioniert.

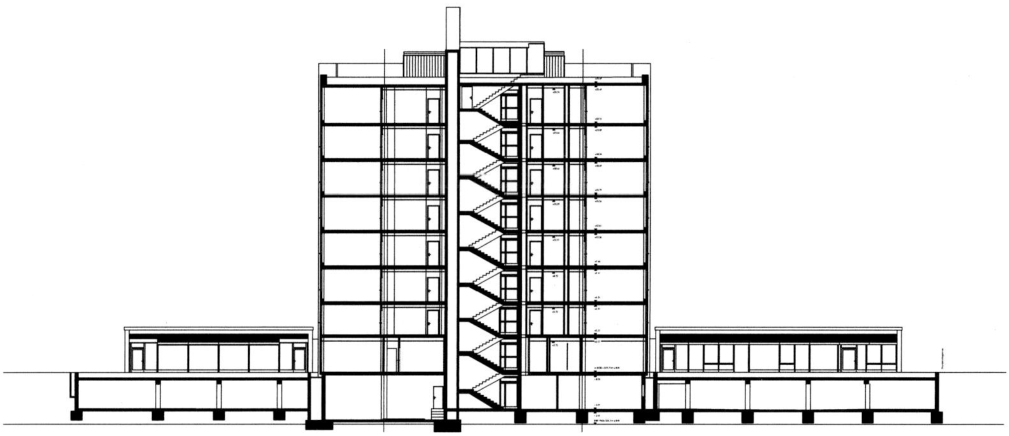

Schnitt

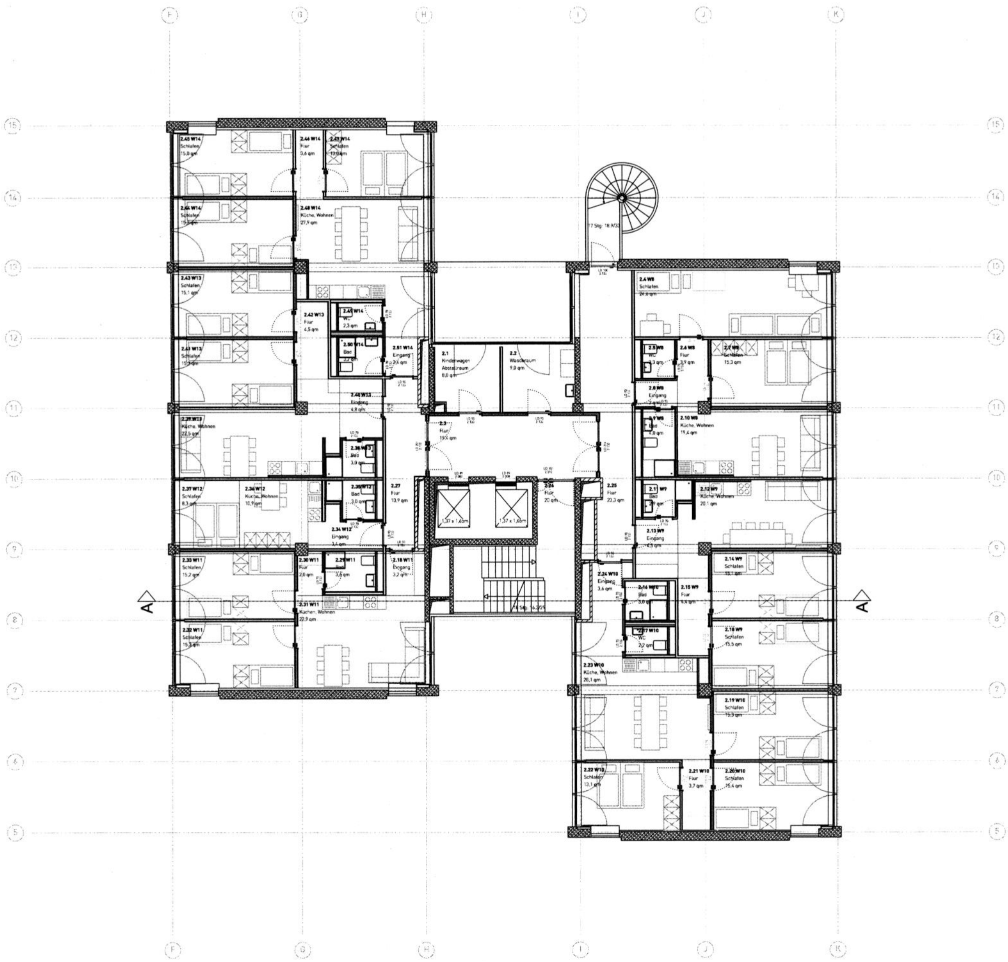

Grundriss OG

Dabei sind Tragglieder (Teile des Tragwerks) des Stahlbetonskelettbaus betroffen. Eine geprüfte statische Berechnung und Ausführungspläne (Bewehrungspläne) aus der Erstellungszeit liegen vor. Der Bestand ist unverändert durch seine Bestandsstatik nachgewiesen. Die Vorschriften und der Nachweis für die Statik bleibt in den Teilen aus dem Brandschutz und der Aussteifung unverändert auf dem Stand der Errichtung (Bestandsschutz, da in den Bestand nicht eingegriffen wird, vgl. Fachkommission Bautechnik der Bauministerkonferenz – ARGEBAU: Hinweise und Beispiele zum Vorgehen beim Nachweis der Standsicherheit beim Bauen im Bestand Fassung April 2008). Einzig der Nachweis für den Brandschutz (Feuerwiderstand) hat nach neuen Vorschriften zu erfolgen (Nutzungsänderung).

Als erforderliche Leistungen sind die Bestandsunterlagen zu bewerten, den Anpassungsbedarf aus Veränderungen im Tragwerk zu bewerten, die bestehende Genehmigungsplanung (prüfpflichtige Statik) zu ergänzen und die

Ausführungsplanung für die Ertüchtigung der Aussteifungen und die neu zu erstellenden Fluchttreppen zu erstellen.

Das gesamte Bestandsobjekt hat eine BGF von ca. 7.500 m^2 und einen umbauten Raum von ca. 21.000 m^3. Dieser verändert sich durch die Umnutzung nicht.

Bei einer Beauftragung in den Lph 1 bis 6 mit allen Grundleistungen ist der Wert der mitzuverarbeitenden Bausubstanz mit einem Zustandsfaktor und einem Leistungsfaktor für alle Leistungsphasen zu multiplizieren. Damit ermittelt sich ein Abminderungsfaktor im Leistungsbild Tragwerksplanung für die vorhandene Bausubstanz von 0,63.

Hinweis: Da das Tragwerk bei diesem Bauwerk keinen bzw. nur einen geringfügigen Umbau-/Modernisierungsbedarf aufweist und seine tragende Funktion unverändert wie ein Neubau erfüllen kann, wäre der Zustandsfaktor von 1,0 für das Tragwerk allein gerechtfertigt. Nur die gemeinsame Betrachtung mit dem Ausbau ergibt eine Bewertung des Zustandsfaktors mit 0,85, denn dieser Ausbau wird ersetzt und als Neubaukosten anrechenbar.

Ermittlung der anrechenbaren Kosten und erforderlichen Leistungen:

Neubaukosten (aus neuen Massivbauteilen, Schächten, vollflächig neuen Belägen, Ausbau):

KG 300: 7.500 m^2 x ca. 400 €/m^2 = 3.000.000 € (vorläufig aus Kostenrahmen)

KG 400: 7.500 m^2 x ca. 240 €/m^2 = 1.800.000 € (vorläufig aus Kostenrahmen)

Der Bestand verbleibt in Gänze und ist zu ca. 17,5 % in seinen Bestandteilen mitzuverarbeitende Bausubstanz (vertikale Bauteile und Decken im Einzugsbereich der Treppenhäuser, der Aussteifungen, der Technikschächte und der Durchdringungen für Anlagen der Technik). Der Anteil wird anhand der betroffenen Tragglieder des Tragwerks überschlägig zwischen 15 bis 20 % eingeschätzt und mit 17,5 % gemittelt.

Als Wert für diesen Bestand des Bürohauses sind die Errichtungskosten eines Bürogebäudes ähnlicher Geschossanzahl und ähnlicher Rasterung zum Zeitpunkt der Kostenberechnung zu verwenden (§ 4 Abs. 3 HOAI und Heft Nr. 1 AHO) in heutiger üblicher Ausführung.

Wert des Bestandes:

KG 300: 17,5 % x 7.500 m^2 x 2.000 €/m^2 = 2.625.000 € (Vergleichswert aus Bürogebäude heutiger Konstruktion für die KG 300 im Gesamten für die planerisch mitzuverarbeitende Bausubstanz)

Hinweis: Wird alternativ nur der Bestand des Tragwerkes nach dem Rückbau des Ausbaus berücksichtigt, handelt es sich um ein Objekt mit einem hohen Anteil an Kosten der Gründung und der Tragkonstruktion. Damit kann vereinbart werden, diese Kosten nach § 50 Abs. 2 HOAI mit 90 % der Baukonstruktion zu berücksichtigen. Weiterhin ist dann das Tragwerk mit einen Zustandsfaktor von ca. 1,0 zu bewerten. Bei der Berücksichtigung des Bestandes in Gänze wird die KG 300 auf anrechenbare 55 % reduziert (§ 50 Abs. 1 HOAI). Beide Vorgehensweisen der Ermittlung führen zu vergleichbaren Berücksichtigungen der Tragkonstruktion.

KG 400: da die Technik in Gänze ersetzt wird, verbleiben kein Wert der Technischen Anlagen des Bestandes.

Anrechenbare Kosten Tragwerksplanung:

3.000.000 € x 55 % (KG 300 Neubau) + 1.800.000 € x 10 % (KG 400 Neubau) + 2.625.000 € x 55 % x 0,63 (KG 300 Bestand) = 2.869.500 €

Hinweis: Für anrechenbare Kosten werden in verschiedenen Bundesländern (z.B. Bayern) die durchschnittlichen anrechenbaren Bauwerte nach der Verordnung für die Vergütung der Prüfingenieure angewendet (z.B. Bayern PrüfVbau). Begründet wird dies damit, dass die Verordnung verbindlich für die Honorarermittlung der Prüfingenieure sei und darin Bauwerte für die Vergütung festgelegt seien, die keinen Interpretationsspielraum zulassen. Dies mag zwar zu ähnlichen Werten führen, grundsätzlich erfüllen jedoch die anrechenbaren Bauwerte nicht die Anforderungen der HOAI 2021. Dies zeigt sich bereits daran, dass die PrüfVBau Bezug auf die HOAI 2009 nimmt und nicht auf die HOAI 2021. Mit der HOAI 2021 wurden jedoch Regelungen zur Ermittlung der anrechenbaren Kosten für die Tragwerksplanung verändert, so beinhalten die anrechenbaren Bauwerte keine Kosten der Technischen Anlagen. Weiterhin ist in der PrüfVBau als Bezugsjahr für die Bauwerte das Jahr 2005 benannt. Die Bauwerte sind als fiktive Baukosten und nicht nach realen Baukosten verordnet. Die Bauwerte werden indiziert und nicht fortgeschrieben. Nach HOAI 2021 ist jedoch der Umfang der mitzuverarbeitenden Bausubstanz mit dem Wert zum Zeitpunkt der Kostenberechnung zu berücksichtigen (§ 4 Abs. 3 HOAI) und wird individuell nach dem Einzelfall fortgeschrieben.

Erforderliche Grundleistungen:

Für den Umbau und damit auch für den mitzuverarbeitenden Bestand (anteilig entsprechend des Leistungsfaktors) werden alle Grundleistungen der Lph 1 bis 6 benötigt.

Hinweis: Auch wenn sich gegenüber einem Neubau die Teilleistungen in den einzelnen Leistungsphasen im Bestand scheinbar verändern oder anders dokumentieren (z.B. die Untersuchung der Lösungsmöglichkeiten zum Tragwerk in Lph 2 besteht darin, den Objektplaner Gebäude zu den Möglichkeiten zu den vorhandenen Tragfähigkeiten der Konstruktion zu beraten und darüber Eingriffe in das Tragwerk und damit Neubaukosten zu vermeiden), bleiben alle honorarbestimmenden Teilleistungen in den Lph 1 bis 6 erforderlich und sind einheitlich für das Objekt Tragwerk aus Neubau und Bestand zu vergüten.

Nach Anlage 14, Ziffer 14.2 wird das Objekt Tragwerk in die Honorarzone eingestuft: Annahme HZ III Mitte

Bei der Maßnahme für das Objekt Tragwerk wird wesentlich in die Konstruktion des Bestandes eingegriffen. Voraussetzung für die Berücksichtigung eines Zuschlages nach § 52 Abs. 4 HOAI für Umbauten oder Modernisierungen ist die Einordnung nach § 2 HOAI, ob es sich um einen Erweiterungsbau, einen Umbau oder eine Modernisierung handelt. Die Anforderung an einen Umbau ist jedoch der „wesentliche Eingriff", die Anforderung an eine Modernisierung die „nachhaltige Erhöhung des Gebrauchswertes". Da das Objekt Tragwerk dabei zu betrachten ist, muss die Anforderung an das Tragwerk bewertet werden.

Im Tragwerk findet keine Modernisierung als „nachhaltige Erhöhung des Gebrauchswertes", wie z.B. durch eine Anpassung an die heutigen Normen und Vorschriften, statt (mit Ausnahme der Aussteifung), dagegen findet eine Modernisierung durch die Anpassung an heutigen erhöhten Brandschutz statt.

Bezogen auf die neuen Aussteifungen handelt es sich um Neubauten, da der Wiederaufbau mittels neuer Planung erfolgt und dafür auch Neubauten erforderlich sind.

Hinweis: Wäre bei diesem Beispiel kein neuer Brandschutznachweis des Bestandes erforderlich, wäre kein Zuschlag gerechtfertigt, denn es fände keine Modernisierung (*bauliche Maßnahmen zur nachhaltigen Erhöhung des Gebrauchswertes eines Objektes,* § 2 Abs. 6 HOAI) statt, sondern nur ein Wiederaufbau (§ 2 Abs. 3 HOAI) oder eine Instandsetzung (§ 2 Abs. 8 HOAI) des Tragwerkes. Es kann jedoch nur *für Umbauten und Modernisierungen ... ein Zuschlag ... bis zu 50 % schriftlich vereinbart werden* (§ 52 Abs. 4 HOAI).

Daher ist hier ein Umbau-/Modernisierungszuschlag anzusetzen (§ 52 Abs. 4 HOAI). Dieser wird mit 21,8 % bewertet (vgl. Heft Nr. 1 AHO, Kap. 10.7) und ermittelt sich aber aus den Kriterien für die Gesamtmaßnahme und bezieht sich auf die Gesamtmaßnahme (Brandschutz war in diesem Beispiel nur das ausschlaggebende Kriterium, ob ein Zuschlag nach § 52 Abs. 4 HOAI berechtigt ist oder nicht):

Tabelle für das Leistungsbild Tragwerksplanung

Bestimmung des Zuschlags auf das Honorar aufgrund des Mehraufwands bei Umbauten oder Modernisierungen bei der **Tragwerksplanung nach § 52 Abs. 4 im Teil 4 Abschnitt 1 HOAI**

Die Prozentzahlen in dieser Tabelle beziehen sich auf eine Zuschlagshöhe bis 50 %, die für Leistungen bei der Tragwerksplanung gemäß § 52 Absatz 2 im Abschnitt 4 Teil 1 HOAI bei durchschnittlichem Schwierigkeitsgrad gilt.

			Mehraufwand gegenüber Neubauten					
Kategorie	Gewichtung	Voraussetzung der Bewertung ist, dass gültige statische Bestandsunterlagen geprüft vorliegen Kriterien	kein	wenig	üblich	viel	sehr viel	vereinbart
Funktion	**10**		0	4	7	10	> 10	**7,00%**
		Wie zum Beispiel: Bestandsschutz; Integration; Nutzung; Berücksichtigung von Bestandsforderungen; Klärung anzuwendender Berechnungsvorschriften, historische Materialien, historische Vorschriften; Beratung zu notwendigen Genehmigungsverfahren; Integration neuer Bauteile in bestehende Konstruktionen; Änderung der Nutzung						
Konstruktion	**12**		0	4,8	8,4	12	> 12	**8,40%**
		Wie zum Beispiel: Rückbau; Ergänzung/Verstärkung; Mitwirkung bei kontrollierter Demontage an oder von tragenden Teilen, - von Materialuntersuchungen; Einbau/Verstärkung und Zusammenwirken konstruktiver Bauteile; Konstruktion unter geometrischen Zwängen entwickeln						
Berechnung/ Gestaltung	**12**		0	4,8	8,4	12	> 12	**4,80%**
		Wie zum Beispiel: Material; Bauteile/Elemente; Gestaltung; Ausbildung des Tragwerks nicht nur unter konstruktiven Gesichtspuntken; Integration neuer Bauteile in das bestehende Objekt; Überprüfung der Belastungen im Bestand; Anpassen und Nachweise konstruktiver Bauteile an gültige Vorschriften						
Gebäudetechnik /Ausbau	**4**		0	1,6	2,8	4	> 4	**1,60%**
		Wie zum Beispiel: Installation; Fassaden; Trennwände; Einwirkungen aus der technischen Ausrüstung auf das Tragwerk, insbesondere Lasten und Geometrie; Differenzierte Darstellung; Anforderungen infolge Ausbau						
Planungsablauf	**12**		0	4,8	8,4	12	> 12	**0,00%**
		Wie zum Beispiel: Planungszeit und -ablauf; Kosten; Haftung; Diskontinuierlicher Planungsablauf durch Terminbindung und mögliche Unterbrechungen; Mitwirken bei der Kostensicherheit; Erhöhtes Haftungsrisiko auch für bestehende und integrierte Substanz						
Umbauzuschlag	**50**		0	20	35	50	> 50	**21,80%**
Summe der Wichtung	**50**	Maximale Zuschlagshöhe in Honorarzone I, II und III: 50,00 % Zuschlagshöhe in Honorarzone IV und V nach oben offen						

Vereinbarter Zuschlag **21,80%**

Honorarzonen	
I, II, und III	IV und V
◄ Zuschlag auf maximal 50 % begrenzt ►	◄ Zuschlag nicht begrenzt ►

Besondere Leistungen:

Die Brandschutzbemessung kann anhand von Tabellen erfolgen.

Die statische Berechnung selbst nach neuen Vorschriften ist Gegenstand der Grundleistungen für das planerisch zu bearbeitende Tragwerk aus Neubau und mitzuberücksichtigender Bausubstanz.

Die Vergütung wird im Folgenden unter Ziffer 4.1.3.1 in der Lph 2 bis 4 zwischen 2 bis 4 v.H. der Honorare für Grundleistungen bewertet. Da es sich hier um ein Bauwerk mittlerer Schwierigkeit handelt, ist der mittlere Wert dieser Spanne angemessen (3 v.H.).

Honorare für Grundleistungen:

HZ III Mitte; AK 2.739.563 €; Honorartafel zu § 52 HOAI: 190.330 € x 1,218 (Umbau-/Modernisierungszuschlag) = **231.822 €**

Beispiel 6: Umbau, Umnutzung und Erweiterung eines historischen Verwaltungsgebäudes

Beschreibung der Maßnahme:

Der Bestand aus dem 19. Jahrhundert soll im Dachraum des Gebäudes umgebaut und umgenutzt werden. Die thermische Hülle wird energetisch ertüchtigt. Die Eingangssituation wird durch den Anbau eines Windfanges (Erweiterung) verbessert.

Aus Sicht der Tragwerksplanung sind einzelne Tragglieder (Teile des Tragwerkes) des Dachstuhls zu ertüchtigen, einschließlich der Decke zum darunterliegenden Obergeschoss wegen der Feuerwiderstandsdauer. Die Standsicherheit des gesamten Dachstuhls einschließlich der Decke ist nachzuweisen.

Die Lastweiterleitung auf darunterliegende Bauteile muss nicht verfolgt werden, da keine nennenswerte Erhöhung der Lasten mit der Maßnahme einhergeht.

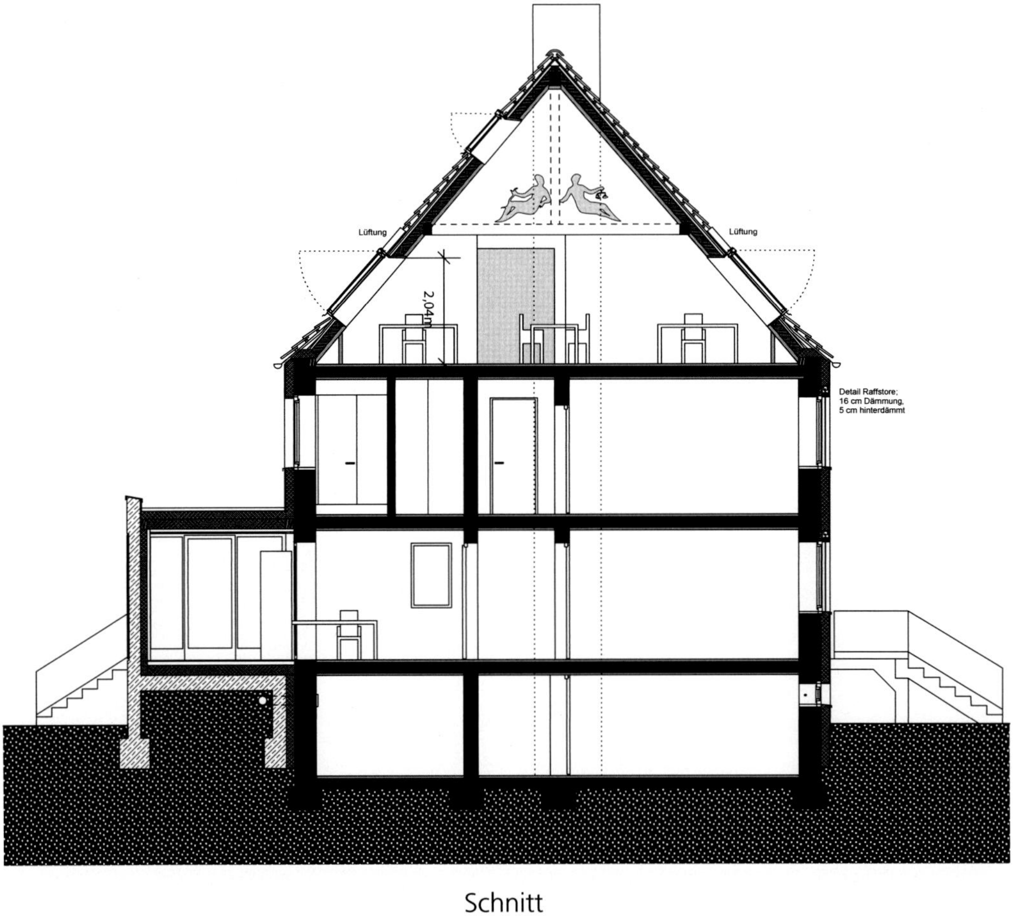

Schnitt

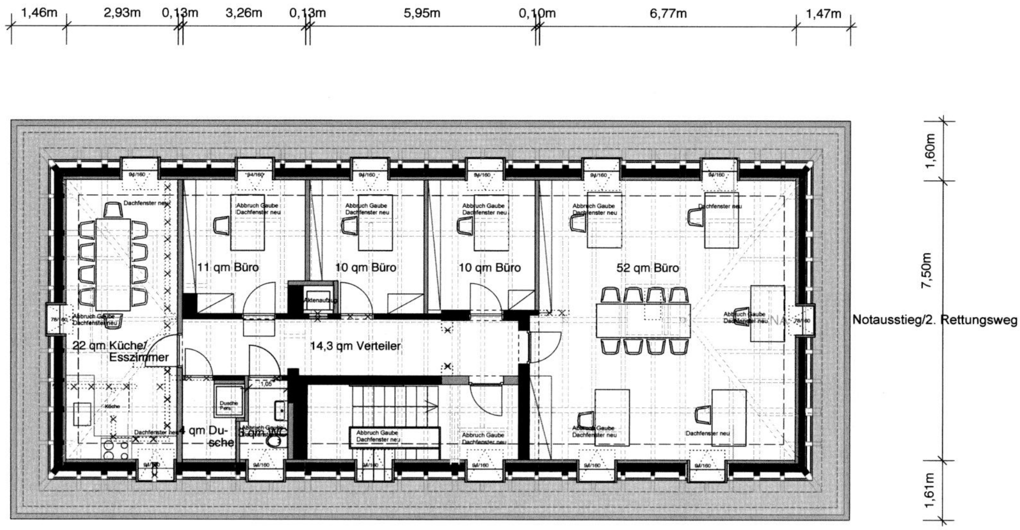

Grundriss DG

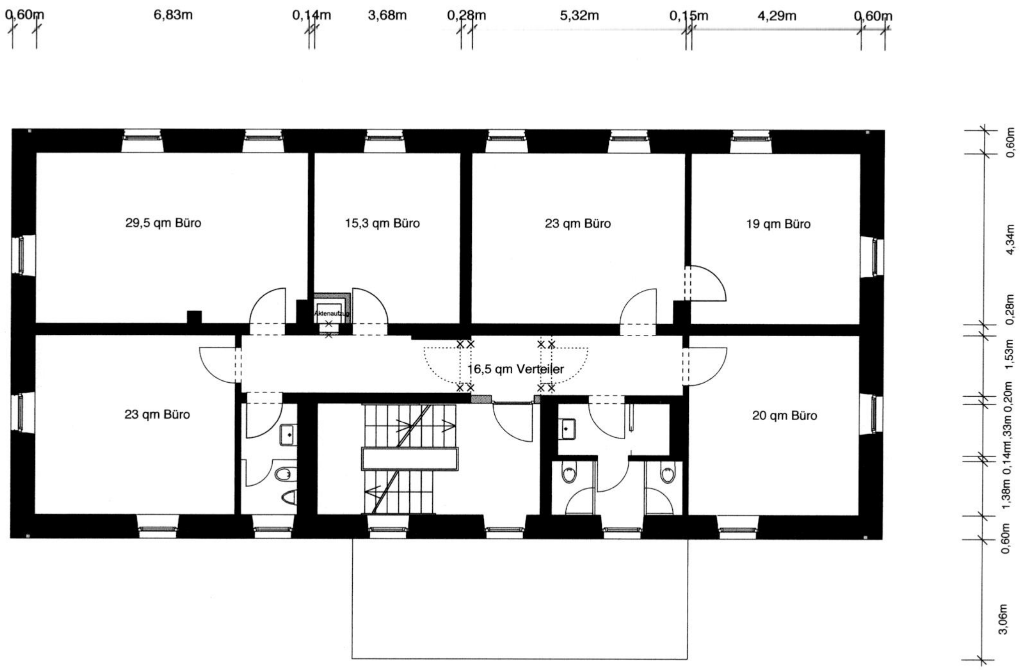

Grundriss OG

Ermittlung der anrechenbaren Kosten und erforderlichen Leistungen:

Das Dachgeschoss im Bestand ist in Gänze mitzuverarbeitende Bausubstanz des Tragwerkes Dach. Nicht Gegenstand der Erweiterung sind die darunterliegenden Geschosse, da der Windfang eigenständig tragend ist und keiner gesonderten

Lasteinleitung und deren Nachweis in den Bestand bedarf. Einzig konstruktiv wird der Windfang mit dem Bestand verbunden. Weder aus den Lasten des veränderten Dachtragwerks, noch aus der Gesamtstabilität wird eine tragwerksplanerische Bearbeitung des Bestandsgebäudes erforderlich.

Bei einer Beauftragung in den Lph 1 bis 6 mit allen Grundleistungen ist der Wert der vorhandenen Bausubstanzen mit einem Zustandsfaktor zwischen 0,7 bis 1,0 und einem Leistungsfaktor von 0,74 für alle Leistungsphasen zu multiplizieren. Unter Bezug auf Heft Nr. 1 AHO, Kap. 2.7 wird empfohlen, die beiden Faktoren zusammenzufassen und soweit nicht gesondert bewertet den mittleren Zustandsfaktor zu verwenden. Damit ermittelt sich ein Abminderungsfaktor für die vorhandene Bausubstanz von (0,85 x 0,74) = 0,63.

Die anrechenbaren Kosten ermitteln sich damit zu:

Neubaukosten (aus Ertüchtigung Tragwerk, Brandschutz, Energetische Modernisierung, Vorbau, Um- und Einbauten im Rahmen der Gesamtmaßnahme):

KG 300: 800.000 € (vorläufig aus Kostenrahmen)

KG 400: 100.000 € (vorläufig aus Kostenrahmen)

Wert des Bestandes:

KG 300: 228 m² (Dachgeschoss) x 1.500 €/m² = 342.000 € (Vergleichswert aus Neubau eines Verwaltungsgebäudes heutiger Konstruktion für die KG 300 gesamt).

Hinweis: Das Dachtragwerk ist im heutigen Zustand noch nicht hochwertig ausgebaut. Eine alternative Betrachtung für diesen heutigen Zustand würde dazu führen, dass das Tragwerk bestimmendes Bauteil der Konstruktion wird und damit die Baukonstruktion nicht mit 55 v.H., sondern mit 90 v.H. als anrechenbare Kosten bewertet wird (§ 50 Abs. 2 HOAI und Verweis auf Abs. 1 und 3, die Bewertung würde daher zu einem vergleichbaren Ergebnis für die anrechenbaren Kosten führen.)

KG 400: da die Technik in Gänze ersetzt wird, verbleibt kein Wert der Technik des Bestandes.

Anrechenbare Kosten Tragwerksplanung:

800.000 € x 55 % (KG 300 Neubau) + 100.000 € x 10 % (KG 400 Neubau) + 342.000 € x 55 % x 0,63 (KG 300 Bestand) = 568.503 €

Erforderliche Grundleistungen:

Für den Neubau und damit auch für den mitzuverarbeitenden Bestand (anteilig entsprechend des Leistungsfaktors) werden alle Grundleistungen der Lph 1 bis 6 benötigt.

Nach Anlage 14, Ziffer 14.2 wird das Objekt Tragwerk in die Honorarzone eingestuft: Annahme HZ III Mitte

Das Tragwerk des Daches und der obersten Geschossdecke wird verändert (Verstärkung der Tragkonstruktion einschließlich der darunterliegenden Decke). Damit ist ein Umbau-/Modernisierungszuschlag anzusetzen (§ 52 Abs. 4 HOAI). Dieser wird mit 33,2 % bewertet (vgl. Heft Nr. 1 AHO, Kap. 10.7).

Hinweis: Obwohl die Neubaukonstruktionen (Windfang etc.) einen ähnlichen Anteil an den Gesamtkosten haben wie die Bauteile des Bestandes, ermitteln sich die Honorare für Grundleistungen einmalig mit seinem Zuschlag. Der Zuschlag erfolgt immer auf das Objekt Tragwerk als Ganzes aus Neubau und mitzuverarbeitender Bausubstanz.

Beide Maßnahmen werden als ein Objekt betrachtet und daher degressiv zusammengefasst. Eine Trennung in zwei Objekte (im Verhältnis 80 % der Neubaukosten für Dach, 20 % der Neubaukosten für Windfang; Kosten Bestand allein beim Dach; Umbau-/Modernisierungszuschlag allein beim Dach) würde im Vergleich zu einem Honorar führen, welches um 5 % höher ist als die folgende Ermittlung für ein Objekt Tragwerk. Diese Ermittlung würde damit zu einer vergleichbaren Vergütung führen:

Tabelle für das Leistungsbild Tragwerksplanung

Bestimmung des Zuschlags auf das Honorar aufgrund des Mehraufwands bei Umbauten oder Modernisierungen bei der
Tragwerksplanung nach § 52 Abs. 4 im Teil 4 Abschnitt 1 HOAI

Die Prozentzahlen in dieser Tabelle beziehen sich auf eine Zuschlagshöhe bis 50 %, die für Leistungen bei der Tragwerksplanung gemäß § 52 Absatz 2 im Abschnitt 4 Teil 1 HOAI bei durchschnittlichem Schwierigkeitsgrad gilt.

			Mehraufwand gegenüber Neubauten					
Kategorie	Gewichtung	Voraussetzung der Bewertung ist, dass gültige statische Bestandsunterlagen geprüft vorliegen Kriterien	kein	wenig	üblich	viel	sehr viel	vereinbart
Funktion	**10**		0	4	7	10	> 10	**10,00%**
		Wie zum Beispiel: Bestandsschutz; Integration; Nutzung; Berücksichtigung von Bestandsforderungen; Klärung anzuwendender Berechnungsvorschriften, historische Materialien, historische Vorschriften; Beratung zu notwendigen Genehmigungsverfahren; Integration neuer Bauteile in bestehende Konstruktionen; Änderung der Nutzung						
Konstruktion	**12**		0	4,8	8,4	12	> 12	**12,00%**
		Wie zum Beispiel: Rückbau; Ergänzung/Verstärkung; Mitwirkung bei kontrollierter Demontage an oder von tragenden Teilen, von Materialuntersuchungen; Einbau/Verstärkung und Zusammenwirken konstruktiver Bauteile; Konstruktion unter geometrischen Zwängen entwickeln						
Berechnung/ Gestaltung	**12**		0	4,8	8,4	12	> 12	**4,80%**
		Wie zum Beispiel: Material; Bauteile/Elemente; Gestaltung; Ausbildung des Tragwerks nicht nur unter konstruktiven Gesichtspunkten; Integration neuer Bauteile in das bestehende Objekt; Überprüfung der Belastungen im Bestand; Anpassen und Nachweise konstruktiver Bauteile an gültige Vorschriften						
Gebäudetechnik /Ausbau	**4**		0	1,6	2,8	4	> 4	**1,60%**
		Wie zum Beispiel: Installation; Fassaden; Trennwände; Einwirkungen aus der technischen Ausrüstung auf das Tragwerk, insbesondere Lasten und Geometrie; Differenzierte Darstellung; Anforderungen infolge Ausbau						
Planungsablauf	**12**		0	4,8	8,4	12	> 12	**4,80%**
		Wie zum Beispiel: Planungszeit und -ablauf; Kosten; Haftung; Diskontinuierlicher Planungsablauf durch Terminbindung und mögliche Unterbrechungen; Mitwirken bei der Kostensicherheit; Erhöhtes Haftungsrisiko auch für bestehende und integrierte Substanz						
Umbauzuschlag	**50**		0	20	35	50	> 50	**33,20%**
Summe der Wichtung	**50**	Maximale Zuschlagshöhe in Honorarzone I, II und III: 50,00 % Zuschlagshöhe in Honorarzone IV und V nach oben offen						

Vereinbarter Zuschlag **33,20%**

Honorarzonen	
I, II, und III	IV und V
◄ Zuschlag auf maximal 50 % begrenzt ►	◄ Zuschlag nicht begrenzt ►

Besondere Leistungen:

Da vom AG Bestandsunterlagen (Aufmaß und planerische Darstellung des Bauwerks), aber keine statische Berechnung des Bestandes zur Verfügung gestellt werden können, sind Besondere Leistungen erforderlich. Die ergänzenden Angaben zum Bestand (Ausbildung der Verbindungen, Abmessungen der Verbindungsmittel etc.) können durch eine Bestandsaufnahme des Tragwerksplaners eingesehen und erfasst werden. Diese Leistung ist ergänzend zu beauftragen.

Eine Berechnung des Bestandstragwerkes selbst ist nicht gesondert erforderlich, da im Rahmen der Planung der Dachkonstruktion diese für die neuen Lasten und mit notwendigen ergänzenden Traggliedern (Teile/Glieder des Tragwerks) ausgebildet werden kann. Die Berechnung des „neuen" Dachstuhls ist Gegenstand der Grundleistung.

Honorare für Grundleistungen:

HZ III Mitte; AK 568.503 €; Honorartafel zu § 52 HOAI: 55.312 € x 1,332 (Umbau-/Modernisierungszuschlag) = **73.675 €**

Stichwortverzeichnis

Das Stichwortverzeichnis bezieht sich auf die Teile A und B dieses Heftes. Die Ziffern beziehen sich auf die linke Spalte der Tabellen zu den Leistungsphasen in Teil B.

Ausschuss der Verbände und Kammern
der Ingenieure und Architekten
für die Honorarordnung e.V.

Der AHO – Tradition und gewachsene Kompetenz

Der AHO Ausschuss der Verbände und Kammern der Ingenieure und Architekten für die Honorarordnung e.V. ist der Zusammenschluss maßgeblicher Ingenieurverbände, der Länderingenieurkammern Deutschlands und einiger Architektenkammern und -verbände. Als Fachverband wahrt und vertritt er die Honorar- und Wettbewerbsinteressen von Ingenieuren und Architekten.

Die Facharbeit des AHO wird in themenbezogen zusammengestellten Arbeitsgremien von hochqualifizierten Ingenieuren und Architekten ehrenamtlich geleistet. Im Mittelpunkt stehen die Diskussionen von Grundsatzfragen zum Honorar- und Wettbewerbsrecht, die Weiterentwicklung der bestehenden Leistungsbilder der Verordnung über die Honorare für Architekten- und Ingenieurleistungen (Honorarordnung für Architekten und Ingenieure – HOAI) sowie die Erarbeitung neuer Leistungsbilder. Beratungsergebnisse aus den einzelnen Arbeitsgremien werden in der Schriftenreihe des AHO als Praxishilfe für Auftragnehmer und Auftraggeber veröffentlicht.

Ausschuss der Verbände und Kammern der Ingenieure und Architekten für die Honorarordnung e.V.

Mitgliedsorganisationen im AHO

Verbände

abv Arbeitskreis Beratende Ingenieure – Vermessung – im BDB Baden-Württemberg

BAB Berufsverband freischaffender Architekten und Bauingenieure e.V.

BDB Bund Deutscher Baumeister, Architekten und Ingenieure e.V.

BDG Berufsverband Deutscher Geowissenschaftler e.V.

BDK Bundesverband Deutscher Baukoordinatoren e.V.

BDVI Bund der Öffentlich bestellten Vermessungsingenieure e.V.

BVPI Bundesvereinigung der Prüfingenieure für Bautechnik e.V.

BVS Bundesverband öffentlich bestellter und vereidigter sowie qualifizierter Sachverständiger e.V.

DVP Deutscher Verband für Projektmanagement in der Bau- und Immobilienwirtschaft e.V.

IGVB Ingenieurverband Geoinformation und Vermessung Bayern e.V.

UBF Unabhängige Berater für Fassadentechnik e.V.

VBI Verband Beratender Ingenieure

VDI Verein Deutscher Ingenieure e.V.

VDV Verband Deutscher Vermessungsingenieure e.V.

VIV Verband der Ingenieurbüros für Verkehrstechnik e.V.

V.S.G.K. Verband der Sicherheits- und Gesundheitsschutzkoordinatoren Deutschlands e.V.

Kammern

Architektenkammer Baden-Württemberg

Architektenkammer der Freien Hansestadt Bremen

Architektenkammer Sachsen

Architektenkammer Thüringen

Architekten- und Ingenieurkammer Schleswig-Holstein

Architekten- und Stadtplanerkammer Hessen

Baukammer Berlin

Bayerische Architektenkammer

Bayerische Ingenieurekammer-Bau

Brandenburgische Ingenieurkammer

Hamburgische Ingenieurkammer-Bau

Ingenieurkammer Baden-Württemberg

Ingenieurkammer-Bau Nordrhein-Westfalen

Ingenieurkammer der Freien Hansestadt Bremen

Ingenieurkammer des Saarlandes

Ingenieurkammer Hessen

Ingenieurkammer Mecklenburg-Vorpommern

Ingenieurkammer Niedersachsen

Ingenieurkammer Rheinland-Pfalz

Ingenieurkammer Sachsen

Ingenieurkammer Sachsen-Anhalt

Ingenieurkammer Thüringen

Außerordentliche Mitglieder

BDA Bund Deutscher Architektinnen und Architekten

bdia bund deutscher innenarchitekten e.V.

bdla Bund Deutscher Landschaftsarchitekten

SRL Vereinigung für Stadt-, Regional- und Landesplanung e.V.

VFA Vereinigung Freischaffender Architekten Deutschlands e.V.

Ausschuss der Verbände und Kammern
der Ingenieure und Architekten
für die Honorarordnung e.V.

Veröffentlichungen in der Schriftenreihe des AHO

Alle Hefte der AHO-Schriftenreihe verstehen sich als unverbindliche Praxishilfen und dienen zur Honorarorientierung.

Die bisher erschienenen Hefte können – sofern nichts anderes angegeben ist – beim AHO direkt bezogen werden. Ihre Bestellung können Sie online unter www.aho.de/schriftenreihe oder per E-Mail unter schriftenreihe@aho.de aufgeben.

Alle Hefte werden kartoniert im Format 16,5 x 24,4 cm veröffentlicht. Alle angegebenen Preise sind Bruttopreise inkl. gesetzl. MwSt. zzgl. Versandkosten.

Nr. 1 **HOAI – Planen und Bauen im Bestand**
Arbeitshilfen zur Bestimmung der anrechenbaren Kosten aus mitzuverarbeitender Bausubstanz und des Zuschlags für Umbauten und Modernisierungen
ISBN 978-3-8462-0990-5, 2., vollständig überarbeitete und erweiterte Auflage 2018, 200 Seiten, 32,80 €

Nr. 2 **Örtliche Bauüberwachung bei Ingenieurbauwerken und Verkehrsanlagen – Leistungsbild und Honorierung**
ISBN 978-3-8462-0431-3, 2014, 36 Seiten, 14,80 €

Nr. 3 **HOAI – Besondere Leistungen bei der Tragwerksplanung und Erläuterungen zu den Grundleistungen** – Besondere Leistungen zur HOAI 2021 Teil 4 Abschnitt 1, § 51 mit Anlage 14
ISBN 978-3-8462-1355-1, 6., vollständig überarbeitete und erweiterte Auflage 2021, 112 Seiten, 32,80 €

Nr. 4 **HOAI – Besondere Leistungen bei der Planung von Objekten der Wasser- und Abfallwirtschaft nach Teil 3 Abschnitt 3, § 41 HOAI 2013**
ISBN 978-3-8462-0824-3, 3. vollständig überarbeitete Auflage 2017, 52 Seiten, 16,80 €

Nr. 5 **HOAI – Verkehrsplanerische Leistungen – Leistungsbeschreibung mit Honorarvorschlag**
ISBN 978-3-8462-0768-0, 2. vollständig überarbeitete Auflage 2018, 80 Seiten, 24,80 €

Nr. 6 **HOAI – Besondere Leistungen bei der Planung von Anlagen der Technischen Ausrüstung nach Teil 4 Abschnitt 2, Anlage 15, Nr. 15.1 HOAI 2013**
ISBN 978-3-8462-0317-0, 3. vollständig überarbeitete Auflage 2014, 64 Seiten, 14,80 €

Nr. 7 **HOAI – Besondere Leistungen bei der Planung von Ingenieurbauwerken nach Teil 3 Abschnitt 3, § 41 Nr. 6 (konstruktive Ingenieurbauwerke für Verkehrsanlagen) und Nr. 7 (sonstige Einzelbauwerke, ausgenommen Gebäude und Freileitungsmaste) HOAI 2013**
ISBN 978-3-8462-0436-8, 2. vollständig überarbeitete Auflage 2015, 52 Seiten, 14,80 €

Nr. 8 **Untersuchungen zum Leistungsbild und zur Honorierung für den Planungsbereich „Altlasten"**
ISBN 978-3-89817-914-0, 2. vollständig überarbeitete Auflage 2010, 76 Seiten, 21,80 €

Nr. 9 **Projektmanagement in der Bau- und Immobilienwirtschaft – Standards für Leistungen und Vergütung**
ISBN 978-3-8462-1120-5, 5., vollständig überarbeitete und erweiterte Auflage 2020, 246 Seiten, 41,80 €

Nr. 10 **GIS-Dienstleistungen, Teil A: Leistungsphasen nach GIS-Basissystemen**
ISBN 978-3-8462-0889-2, 2017, 32 Seiten, 16,80 €

Nr. 11 **Leistungen Building Information Modeling – Die BIM-Methode im Planungsprozess der HOAI**
ISBN 978-3-8462-1002-4, 2019, 80 Seiten, 24,80 €

Nr. 12 **HOAI – Arbeitshilfen zur Vereinbarung von Ingenieurverträgen für die Bearbeitung von Generalentwässerungsplänen (GEP)**
ISBN 978-3-8462-0437-5, 2. vollständig überarbeitete und erweiterte Auflage 2014, 64 Seiten, 14,80 €

Nr. 13 **HVA F-StB – Handbuch für die Vergabe und Ausführung von freiberuflichen Leistungen im Straßen- und Brückenbau –, Stand April 2019 mit Teilausgabe April und Juli 2019 – Entwurf zur Fortschreibung des HVA F-StB, Ausgabe 2021 – Benutzerhinweise des AHO**
ISBN 978-3-8462-1368-1, 2., vollständig überarbeitete Auflage 2021, 144 Seiten, 32,80 €

Nr. 14 **HOAI – Tafelfortschreibung Erweiterte Honorartabellen (§§ 20.1, 21.1, 28.1, 29.1, 30.1, 31.1, 32.1, 35.1, 40.1, 44.1, 48.1, 52.1, 56.1, Anlage 1, Nr. 1.1 und 1.2)**
ISBN 978-3-8462-0710-9, 3. vollständig überarbeitete und erweiterte Auflage 2016, 60 Seiten, 21,80 €

Nr. 15 **Leistungen nach der Baustellenverordnung – Leistungsbild und Honorierung**
ISBN 978-3-89817-940-9, 2. vollständig überarbeitete und erweiterte Auflage 2011, 48 Seiten, 14,80 €

Nr. 16 **Untersuchungen zum Leistungsbild und zur Honorierung für das Facility Management Consulting**
ISBN 978-3-89817-841-9, 4. vollständig überarbeitete und erweiterte Auflage 2010, 128 Seiten, 28,80 €

Nr. 17 **Leistungen für Brandschutz – Leistungsbild und Honorierung**
ISBN 978-3-8462-0540-2, 3. vollständig überarbeitete Auflage 2015, 64 Seiten, 14,80 €

Nr. 18 **Planungsbereich „Baufeldfreimachung / Rückbau" – Leistungsbild und Honorierung**
ISBN 978-3-8462-0234-0, 2. vollständig überarbeitete Auflage 2014, 64 Seiten, 14,80 €